Christoph Schmuck

Gesichter der Furcht

Christoph Schmuck

GESICHTER DER FURCHT

Mit Illustrationen
von Dominik Jell

Community EDITIONS

Impressum

GESICHTER DER FURCHT

Klimaneutral
Druckprodukt
ClimatePartner.com/20273-2308-1003

MIX
Papier | Fördert gute Waldnutzung
FSC® C014496

2. Auflage

Weyerstraße 88-90
50676 Köln

Text: © Christoph Schmuck
Illustrationen: © Dominik Jell
Fotos: © Christoph Schmuck
Layout, Design & Satz: Loreen Lampe
Projektleitung: Hanna Kirsch

Gesetzt aus der *Le Monde Livre Classic* von *Adobe Fonts.*

Gesamtherstellung:
Community Editions GmbH

ISBN 978-3-96096-324-0
Printed in Germany
www.community-editions.de

INHALTSVERZEICHNIS

SCHLAFPARALYSE

Als Kind hatte ich vor vielen Dingen panische Angst. Mit zwei Jahren fürchtete ich mich vorm Weihnachtsmann, zumindest wird meine Mutter nicht müde, das zu erzählen. Ein paar Jahre später fürchtete ich mich vor einer Szene aus Spongebob Schwammkopf, in der man den Vampir Nosferatu sehen konnte, den ich für eine reale Gestalt hielt. Geister und andere Kreaturen, die in den dunklen Ecken meines Zimmers darauf warteten, dass ich einschlief, sorgten dafür, dass ich so manche Nacht ins Bett meiner Eltern krabbelte. Von Außerirdischen, die mich entführen wollten, ganz zu schweigen.

Diese Ängste waren nicht ungewöhnlich für ein Kind. Man fürchtet sich in dem Alter nun einmal vor allem, was merkwürdig ist, was einem ein Gefühl von Unsicherheit und Hilflosigkeit gibt, doch normalerweise verschwinden diese Ängste irgendwann, wenn man älter wird und sich der Verstand ausprägt. Wir lernen, hinter die Fassade zu schauen, und verstehen, dass Wesen wie Geister, Monster und Co. nicht real sind und uns daher auch keinen körperlichen Schaden zufügen können.

Natürlich erschreckt man sich auch im Erwachsenenalter noch bei Horrorfilmen und Jumpscares, doch mit den kindlichen Ängsten ist das nicht mehr vergleichbar.

Die Logik siegt, und auch ich war jahrelang fest davon überzeugt, dass übernatürliche Dinge nicht existieren. Bis zu einem schrecklichen Vorfall vor rund zwei Monaten.

Es war ein Tag wie jeder andere, zumindest kann ich mich nicht daran erinnern, dass ich tagsüber etwas Spannendes unternommen hätte. Ich weiß nur noch, dass ich den Abend damit verbracht hatte, meiner liebsten Fußballmannschaft biertrinkend dabei zuzusehen, wie sie zum dritten Mal in Folge verlor.

Entnervt und müde trottete ich nach dem Spiel in mein Schlafzimmer. Ich zog mir die Klamotten vom Körper und warf sie einfach auf den Fußboden, so wie ich es jeden Abend machte, da ich mir irgendwie angewöhnt hatte, die Kleider erst am nächsten Morgen in den Korb mit der schmutzigen Wäsche zu werfen, der sich in meinem Badezimmer befand.

Ich erinnere mich noch, dass ich meine Tür schloss und das Schlafzimmerfenster kippte. Es war eine milde Sommernacht und der Vollmond leuchtete überraschend hell durch mein Fenster. Ein schöner Anblick, der mich allerdings nicht sonderlich von der deprimierenden Niederlage meines Lieblingsvereins ablenkte.

Und so legte ich mich, nur mit einer Unterhose bekleidet, in mein Bett, schloss die Augen und schlief ein.

Es war, als hätte ich nur kurz die Augen geschlossen, als ich sie mit einem Mal wieder aufriss. Irgendetwas war seltsam. Ich lag auf dem Rücken, genau so, wie ich eingeschlafen war, mein Kopf durch zwei Kissen etwas erhöht, und ich blickte starr nach vorne zu meinem Kleiderschrank.

Das eben noch helle Licht des Mondes war schwächer geworden. War er weitergewandert oder bedeckten Wolken den Himmel? Ich versuchte, meinen Kopf zur Seite zu drehen, um aus dem Fenster zu sehen und die Situation besser einzuschätzen, aber es war, als hätte ich vergessen, wie man den Kopf bewegt. Und nicht nur das: Als ich aufstehen wollte, bemerkte ich, dass auch der Rest meines Körpers wie gelähmt war. Ich hatte jegliche Kontrolle über ihn verloren, unfähig, mehr zu tun, als meinen Blick panisch durch den Raum wandern zu lassen. Ich spürte, wie meine Atmung schneller wurde, konnte fühlen, wie mein Herz in der Brust immer stärker pochte und die Schläge so heftig wurden, dass ich das Blut durch meine Ohren rauschen hörte.

Meine Angst wurde immer größer, Panik machte sich in mir breit, dann zog etwas meine Aufmerksamkeit auf sich.

In der Ecke meines Zimmers war jemand. Oder besser: etwas.

In dem gut einen Meter breiten Spalt zwischen meinem Kleiderschrank und der Wand sah ich eine Bewegung. Mein Blick wurde starr, meine Sicht passte sich den

Lichtverhältnissen an und mir bot sich der schemenhafte Anblick von etwas Übernatürlichem.

Das Ding bewegte sich leicht wankend vor und zurück. Auf der Höhe, wo bei einem Menschen der Kopf zu erwarten gewesen wäre, sah ich allerdings nur einen riesigen Brustkorb, der sich bei jedem Atemzug aufplusterte und wieder in sich zusammensank.

Das Grauen wuchs noch einmal sprunghaft, als ich weiter oben den Kopf der Kreatur erblickte. Durch die Schwärze hindurch sahen mich zwei riesige Augen an. Und wenn ich riesig sage, dann meine ich auch riesig. Denn die ledrig gräuliche Fratze dieses Wesens bestand nur aus seinen Augen und einem breiten Mund, der sich im Takt seiner Atmung öffnete und schloss. Weitere Merkmale eines menschlichen Gesichts konnte ich nicht entdecken, weder Haare noch Ohren oder eine Nase zeichneten sich in der Dunkelheit ab.

Da lag ich also, starrte diesem nächtlichen Besucher direkt in die unmenschlichen, gänzlich weißen Augen, und mein Herz, das eben noch wie verrückt das Blut durch meinen Körper gepumpt hatte, fühlte sich nun an, als wäre es für einen Moment stehen geblieben.

Noch immer konnte ich mich absolut nicht bewegen, doch selbst wenn, ich hätte nicht gewusst, was ich hätte tun sollen.

Vermutlich waren nur einige Sekunden verstrichen, aber mir kam es vor wie eine Ewigkeit. So eine Panik hatte ich in meinem ganzen Leben noch nicht verspürt!

Irgendwann schaffte ich es, meiner Angst zum Trotz, die Augen zu schließen. In diesem Moment fühlte ich mich wieder wie ein Kind, das nachts ein gruseliges Knacken alter Holztüren oder das unheilvolle Pfeifen des Windes hört und krampfhaft versucht, mit zusammengekniffenen Augen einzuschlafen. Am liebsten hätte ich mir wie damals die Decke über den Kopf gezogen, doch noch immer konnte ich mich nicht rühren. Ich redete mir ein, dass alles nur Einbildung war, dass garantiert nichts und niemand in meinem Zimmer stand, dass ich in Sicherheit und die Lähmung ein Streich meiner Psyche war, und obwohl ich nie in meinem Leben mehr Angst verspürt hatte, gelang es mir nach einer Ewigkeit, endlich einzuschlafen.

Am nächsten Morgen wachte ich auf, die Sonne strahlte in mein Zimmer und angenehm warme Luft drang durch das gekippte Fenster herein und wehte durch meine Gardinen. Voller Schrecken dachte ich an das in der Nacht Erlebte zurück. Lag ich noch immer auf dem Rücken? Nein, in Seitenlage. Ich versuchte, meinen Arm zu heben. Es klappte. Ich konnte mich wieder bewegen, zum Glück.

Für einige Sekunden lag ich still da, ich hatte Angst, mich zurück auf den Rücken zu drehen und in die Ecke zu gucken, in der dieses Ding gestanden hatte. Tief atmete ich ein und aus. Irgendwann hatte ich genug Mut geschöpft, ich drehte mich um und … da war nichts. Ich war allein.

Den ganzen Tag über versuchte ich, die Erlebnisse als einen Albtraum abzustempeln, doch egal wie oft ich es mir auch einredete, ich glaubte einfach nicht daran. Es hatte sich so real angefühlt.

Da mir diese Situation keine Ruhe ließ, googelte ich an meinem Handy nach Erklärungen. Ich hatte bereits einige Suchwörter eingegeben, doch die Ergebnisse halfen mir nicht weiter. Erst als ich „nach Aufwachen nicht bewegen können" eintippte, stieß ich auf ein Phänomen, von dem ich bis dato noch nichts gehört hatte: Schlafparalyse, ein Zustand, bei dem der Betroffene aus der REM-Schlafphase erwacht, aber der Körper gelähmt bleibt. Eigentlich ist das ein Mechanismus des Körpers, der nächtliche Stürze aus dem Bett verhindert, indem er dafür sorgt, dass man beim Träumen seine Körperteile nicht bewegt.

Das erklärte meine Bewegungslosigkeit, doch nicht diese merkwürdige Kreatur in der Ecke meines Schlafzimmers. Eine Antwort hierauf fand ich erst, als ich auf Foreneinträge stieß, bei denen Menschen sich über ihre eigenen Schlafparalysen austauschten. Und sie beschrieben ähnliche

Vorkommnisse! Auch sie sahen verstörende Wesen oder gruselige Menschen, die nachts in ihren Zimmern standen. Manche sprachen von unheimlichen Frauen, die an ihren Bettenden auftauchten, von haarigen Bestien, die sich unter den Betten versteckten, kleinen Dämonen, die auf ihnen saßen und das Gefühl hervorriefen, sie würden ersticken. Mit meiner Erfahrung war ich also nicht allein, doch die Frage, warum diese Kreaturen auftauchten, war wohl nicht so einfach zu erklären.

Grundsätzlich gab es zwei Theorien. Die erste handelte davon, dass die Bewegungslosigkeit im Menschen eine Panikattacke hervorruft. Zusammen mit der angeregten Fantasie des vorausgegangenen REM-Schlafzustandes entstehen Halluzinationen. Demnach sind die Wesen also nicht echt, sondern nur Ausgeburten unserer Fantasie, sozusagen Albträume im wachen Zustand.

Doch neben dieser recht wissenschaftlich klingenden These gab es auch eine andere Erklärung, die vor allem von Betroffenen verbreitet wurde. Einige behaupteten, es gäbe unerklärbare Wesen, die in unserer Nähe existieren, aber von uns Menschen nur in Phasen absoluter Hilflosigkeit wahrgenommen werden können. Kinder wären angeblich in der Lage, diese Kreaturen häufiger zu sehen, da sie selbst diese Art der Hilflosigkeit öfter verspürten.

Während ich diese Erklärungen so las, wurde mir mulmig zumute, ich klammerte mich an die Hoffnung, dass alles nur Einbildung war, und stempelte den zweiten Erklärungsversuch als Schwachsinn ab. Besonders erschreckend fand ich aber, dass manche Menschen wohl chronisch von dieser Paralyse betroffen sind. Während die meisten vielleicht ein oder zwei Mal im Leben so eine Paralyse erleben müssen, gibt es andere, die mehrfach im Monat damit zu kämpfen haben.

In dem Forum fand ich auch einige Tipps, wie man sich angeblich vor diesem Zustand schützen kann. Kein Alkohol vor dem Schlafen, die Zimmertemperatur nicht zu niedrig und falls doch eine Schlafparalyse auftritt, zunächst versuchen, einen einzelnen Finger zu bewegen, und sobald dies gelingt, sich Stück für Stück vorarbeiten, bis man die Paralyse überwindet.

Ich hatte mich zunächst gefreut, eine Art Rettungsanleitung gefunden zu haben, nur leider hatten Dutzende Menschen daruntergeschrieben, dass ihnen diese Tipps nicht halfen.

Je länger ich mich durch die Foren klickte, desto unruhiger und nervöser wurde ich. Als ich bemerkte, wie meine Handflächen zu schwitzen begannen, entschied ich mich, den Browser zu schließen und einfach das Beste zu hoffen. 27 Jahre lang hatte ich keine Schlafparalyse gehabt, wieso sollte sie also nun von heute auf morgen chronisch werden?

So gut es ging, versuchte ich, alles zu verdrängen, und ging meinem normalen Alltag nach. Doch um ehrlich zu sein, wie soll man den Anblick eines solchen Monsters vergessen?

Als die Nacht hereinbrach und ich mich in mein Bett legte, war die Furcht vor einer Rückkehr dieser Kreatur unfassbar groß. Immer wieder huschte mein Blick an die Stelle, an der sie in der vorherigen Nacht gestanden hatte, und immer wieder stellte ich erleichtert fest, dass sie leer war. Und trotzdem, irgendetwas in mir war sich sicher, dass dieses Ding, ob real oder Halluzination, auch in dieser Nacht wiederkommen würde.

Doch meine Vorahnung bewahrheitete sich nicht. Ich erwachte erst am nächsten Morgen, vollkommen beweglich und ohne übernatürlichen Besucher in meinem Zimmer.

Nachdem auch die nächsten drei Wochen alles normal verlief, fühlte ich mich endlich sicher, dass ich die ganze Sache überstanden hatte und es nur ein einmaliges Erlebnis gewesen war.

Doch dann, ungefähr 25 Tage nach meiner ersten Paralyse, wachte ich erneut in meinem Bett auf und konnte mich nicht bewegen.

Es war genau wie beim letzten Mal, ich lag auf dem Rücken, mein Körper war so schwer wie Blei und ich konnte nur meine Augen bewegen. Mein Herz raste und hektisch sah ich hin zu der Stelle zwischen Kleiderschrank und Wand, die mir seit jener Nacht Angst machte. Trotz der miserablen Lichtverhältnisse konnte ich die schemenhafte Gestalt ausmachen, die dastand und mich schwer atmend beobachtete.

Mit weit aufgerissenen Augen starrte ich in die Dunkelheit. Die Panik drohte mich zu übermannen. Doch trotz Todesangst erinnerte ich mich an den Tipp, der mich angeblich retten sollte. Ich behielt die Kreatur im Blick – nicht, dass ich mich hätte retten können, wenn sie sich bewegt hätte –, und versuchte krampfhaft, meinen Zeigefinger anzusteuern. Das, was normalerweise unterbewusst und ohne größere Anstrengung funktionierte, kam mir in diesem Moment wie eine unlösbare Aufgabe vor. Ich strengte mich an, die Fingerbewegung zu visualisieren, versuchte, meine Muskeln im Finger zu spüren, und irgendwann, obwohl der Rest meines Körpers ans Bett gefesselt blieb, schaffte ich es, den Zeigefinger von der Matratze ein kleines Stück anzuheben.

Die Euphorie, die ich bei diesem kleinen Erfolg verspürte, hielt leider nicht allzu lange an. Bislang hatte die Kreatur nur in der Ecke gestanden, doch mein Befreiungsversuch schien sie zu verärgern. Denn kurz nachdem ich den Finger angehoben hatte, hörte ich ein tiefes Gurgeln, das nicht mal ein Tier hätte erzeugen können. Es war nicht nur unmenschlich, es war unnatürlich.

Ein fahler Arm streckte sich aus der Dunkelheit heraus. Vier lange dürre Finger mit spitzen braunen Nägeln legten sich um meine Schranktür und die Kreatur trat aus der dunklen Ecke hervor.

In dem schwachen Mondlicht zeigte sich erst das bleiche Gesicht mit dem tiefschwarzen Mund und den riesigen weißen Augen, dann richtete das Wesen seinen Blick, wenn man es denn so nennen mag, auf mich. Die Panik aus der ersten Paralyse war nichts im Vergleich zu dem, was ich fühlte, als die schreckliche Kreatur sich immer weiter aus der dunkelsten Ecke schälte und ich langsam den gesamten Körper sehen konnte. Die Gestalt war über zwei Meter groß und stieß neben schweren Atemstößen weiterhin ein bedrohliches Gurgeln und Knurren aus.

Aus Furcht schloss ich die Augen und versuchte, mich erneut auf meine Finger zu konzentrieren. Gleichzeitig rechnete ich jede Sekunde damit, dass scharfe Zähne, die ich zwar nicht gesehen hatte, aber im Maul der Bestie vermutete, mich auseinanderrissen.

Mit viel Mühe schaffte ich es, einen zweiten Finger zu bewegen. Das Gurgeln wurde lauter. Ich hob den dritten und vierten Finger meiner linken Hand an. Das Gurgeln verwandelte sich in ein schreckliches Knurren und schwere Schritte kamen langsam näher.

Als ich endlich alle Finger von der Matratze lösen konnte, war es, als hätte ich den Bann gebrochen. Ich riss meinen Arm in die Höhe und setzte mich auf. Die Paralyse war vorüber.

Am liebsten wäre ich aus dem Bett gestürzt und zur Tür gerannt, doch das war gar nicht nötig. Die Kreatur war verschwunden, zurück blieben nur mein schweißnasser Körper und das sichere Gefühl, knapp dem Tode entronnen zu sein.

Obwohl die Kreatur mich nicht physisch verletzt hatte, so hinterließ diese Nacht bei mir tiefe und bleibende seelische Narben. Ich entwickelte eine regelrechte Phobie vor dem Schlafen, meine Angst, dieses Wesen erneut zu erblicken, war so unbeschreiblich, dass ich mich dazu zwang, die Nächte durchzumachen, zumindest so lang, wie mein Körper es mir erlaubte.

Natürlich bemerkte mein Umfeld, dass etwas mit mir nicht stimmte. Freunde und Familie erwähnten häufiger, dass ich kaputt und müde wirkte, doch ich sagte einfach, dass ich gerade viel Stress auf der Arbeit hätte. Dort blieb meine verringerte Aufmerksamkeit und die dauerhafte Müdigkeit natürlich auch nicht unbemerkt. Ich schämte mich zuzugeben, dass ich nicht schlafen konnte, weil ich Angst vor einem Monster hatte. Meine Eltern würden mich für verrückt erklären und meine Freunde sich womöglich hinter meinem Rücken das Maul über mich zerreißen.

Also blieb ich so lange am Stück wach wie nur irgendwie möglich, und wenn an Schlaf kein Weg mehr vorbeiführte, stellte ich mir stets einen Wecker, der jede Stunde klingelte, einfach in der Hoffnung, dass dieses Wesen in den kurzen Schlafphasen nicht erscheinen würde.

Und obwohl ich mein Schlafpensum erfolgreich reduzierte, teilweise drei oder vier Tage am Stück wach blieb, konnte ich mein Problem damit nicht lösen. Vor einer Woche schlief ich versehentlich auf meinem Wohnzimmersofa ein, ohne mir zuvor einen Wecker gestellt zu haben. Ich hatte mich eigentlich nur kurz hingesetzt, doch ehe ich mich versah, übernahm die Müdigkeit die Kontrolle über meinen Körper. Der lange Arbeitstag hatte mir den Rest gegeben.

Auch wenn ich mich nicht daran erinnere, wie lange ich geschlafen hatte, erinnere ich mich genau an den Moment, in dem ich wach wurde. Das nun schon bekannte Gefühl der Lähmung lag auf mir, doch etwas war anders als die letzten Male: Ich konnte die Bestie nirgends entdecken.

Sofort begann ich wieder mit dem Versuch, meinen Zeigefinger in Bewegung zu bekommen. Denn auch wenn ich das Monster nicht sehen konnte, wollte ich kein Risiko eingehen und möglichst schnell diese Paralyse beenden. Mal ganz abgesehen davon, dass die Situation, sich nicht bewegen zu können, auch ohne Monster schon furchteinflößend genug ist.

Während ich noch um meine Befreiung kämpfte, ertönte plötzlich hinter mir das knarzende, quietschende Geräusch meiner alten Schlafzimmertür, die langsam aufgeschoben wurde. Nur wenige Meter hinter mir hörte ich die schweren Schritte und das laute Knurren, das mir das Blut in den Adern gefrieren ließ.

Nie hätte ich es für möglich gehalten, dass sich Todesangst noch mal steigern könnte. Doch die Kreatur nicht sehen zu können und nur zu erahnen, wie sie mir immer näher kam, hob sie in ganz neue Sphären.

Ich versuchte absolut alles, meine Hand zu bewegen, meinen Kopf zu drehen, zu schreien, irgendwas zu tun, doch nichts funktionierte. Die Panik in mir war einfach zu groß, um ruhig daran zu arbeiten, die Paralyse zu überwinden, denn egal was ich versuchte, nichts half. Das Knurren kam immer näher, bis ich es ganz klar direkt hinter mir verorten konnte. Und nicht nur das. Jetzt roch ich auch den fauligen Atem, der stoßweise über mich fegte. Dann legte das Wesen langsam seine knöcherige Hand auf meinen Kopf.

In dem Moment verabschiedete ich mich von absolut jeder Hoffnung, dieser Kreatur zu entkommen, und versuchte nicht einmal mehr, mich aus der Paralyse zu lösen. Ich wusste instinktiv, dass dies mein Ende war, der Griff um meinen Kopf wurde immer enger, und ich spürte, wie das Gesicht des Monsters sich langsam meinem Hals näherte.

Da piepte mein Handy, das auf dem Sofakissen neben mir lag. Der Bildschirm leuchtete hell und mit einem Mal war die Kreatur verschwunden und ich hatte die Kontrolle über meinen Körper zurück.

Die Push-Benachrichtigung einer Spam-E-Mail hatte mich vor meinem sicheren Ende gerettet. Man könnte meinen, ich wäre voller Panik aufgesprungen und aus dem Raum gerannt, aber nein. Ich blieb auf dem Sofa sitzen und weinte einfach nur, nicht aus Erleichterung, sondern aus purer Verzweiflung. Ich hatte den kalten Griff seiner Pranken und seinen Atem deutlich gespürt, dieses Wesen war echt und keine Halluzination, da gab es keinen Zweifel.

Erst als die ersten Sonnenstrahlen durch meine Fenster schienen, entschied ich, trotz aller Hoffnungslosigkeit nicht kampflos aufzugeben. Ich deckte mich mit den stärksten Kaffeesorten ein, die ich finden konnte, kaufte mir Energy-Drinks und einige koffeinhaltige Limonaden. Ich war wild entschlossen, wach zu bleiben, und ich schaffte es länger als je zuvor. Fünf Tage blieb ich am Stück wach. Meine Augen brannten, ich konnte keinen klaren Gedanken mehr fassen und doch wollte ich nicht aufhören. Krampfhaft klammerte ich mich an die Vorstellung, nie wieder schlafen zu müssen, obwohl ich wusste, dass dies unmöglich war.

Doch am gestrigen Tag – es war der sechste schlaflose Tag in Folge–, passierte etwas Unvorhergesehenes.

Während ich an meinem PC saß und mich mit einem alten Strategiespiel vom starken Verlangen nach Erholung ablenkte, übermannte mich der Sekundenschlaf. Immer wieder sackte mein Kopf vornüber, bevor ich wieder aufwachte. Und obwohl ich in diesen kurzen Momenten nicht in eine REM-Schlafphase gelangen konnte, war ich mir sicher, dass die Kreatur, wenn auch nur für den Bruchteil einer Sekunde, in meiner Nähe war. Immer wenn ich kurz die Augen schloss, glaubte ich zu hören, wie das Biest atmete, gurgelte oder sich bewegte. Ich drehte mich nach dem Aufschrecken stets panisch um, doch ich konnte es nicht sehen. Was sollte ich tun, abwarten und hoffen, irgendwie noch länger wach zu bleiben? Nein! Ich hatte mir einen anderen Ausweg überlegt: Ich wollte zu meinen Eltern fahren. Damals, als ich ein verängstigtes Kind gewesen war, hatte ihre Anwesenheit dafür gesorgt, dass mich meine Albträume nicht fangen konnten, warum sollte das heute also anders sein? Und selbst wenn ihre Anwesenheit mir nicht half, so würde ich wenigstens nicht sterben, ohne zuvor noch einmal bei ihnen gewesen zu sein und ihnen erklärt zu haben, was los ist.

Eine innere Unruhe machte sich in mir breit, ich musste mich beeilen. Ich sprang von meinem Stuhl und riss ihn dabei um. Hastig lief ich zur Garderobe, griff meine Jacke und verließ, ohne einen Blick zurückzuwerfen, meine Wohnung. Mit zittriger Hand schloss ich meine Autotür auf und startete die rund 20-minütige Fahrt zu meinem Elternhaus.

Nur leider kam ich dort niemals an.

Obwohl ich beim fluchtartigen Verlassen meiner Wohnung zunächst einen Adrenalinschub verspürt hatte, der mir das täuschende Gefühl gab, meine Müdigkeit überwunden zu haben, so war das Tief, das unweigerlich auf dieses Hoch folgte, zu viel für meinen Körper.

Es muss irgendwo auf der Landstraße passiert sein, denn meine letzte Erinnerung besteht darin, wie ich zwischen den Bäumen am Straßenrand entlangfuhr. Ich erwachte im örtlichen Krankenhaus und bemerkte, dass ich an mehrere Geräte angeschlossen war, die piepten oder andere unangenehm laute Geräusche von sich gaben.

Erst jetzt sah ich, dass meine Eltern bei mir saßen. Ich wollte mit ihnen sprechen, ich sah die Tränen, die meiner Mutter über die Wangen liefen, doch egal wie sehr ich mich auch anstrengte, ich konnte mich nicht mitteilen. Von einem Arzt, der zwischendurch hereinkam und mit meinen Eltern sprach, erfuhr ich, dass ich einen Autounfall gehabt hatte.

Anscheinend war ich am Steuer eingeschlafen und gegen einen Baum gefahren. Der Aufprall hatte dafür gesorgt, dass ich in ein Koma gefallen bin, aus dem ich bis jetzt nicht erwachen konnte und vielleicht auch niemals erwachen werde.

Ich konnte jedes einzelne Wort, das in meiner Nähe gesagt wurde, hören, doch meine Augen waren starr nach vorne gerichtet und nur im peripheren Blickfeld sah ich die Menschen, die um mich herumstanden.

Die gesamte Zeit verbrachte ich damit, über die Situation nachzudenken. Ich überlegte mir, was ich tun könnte, um richtig aufzuwachen. Fragte mich, ob ich überhaupt aufwachen könnte oder ob dies von nun an mein Leben war. Die Gedanken kreisten in meinem Kopf, sie wurden lauter und lauter und verängstigten mich.

Doch vor ein paar Minuten, mit einem Mal, verstummten sie.

Ich hörte etwas im Flur vor meiner Zimmertür, das meine gesamte Aufmerksamkeit auf sich zog. Es war das mir so bekannte und gefürchtete Knurren und Gurgeln der Bestie, vor der ich so dringend hatte flüchten wollen.

Sie hatte mich gefunden, sie war mir gefolgt.

Während meine innere Stimme mich panisch anschrie, etwas zu unternehmen, lag mein Körper nur regungslos da. Mir blieb nichts anderes übrig, als aus dem Augenwinkel mitanzusehen, wie die große Kreatur langsam den Raum betrat und vor meinem Bett stehen blieb.

Seit ein paar Minuten steht sie nun da und beobachtet mich. Ich kann ihr nicht entkommen. Ich bin gefangen in meiner Paralyse, bis die Kreatur sich entscheidet, meinem mickrigen Leben ein Ende zu bereiten.

Dann, ganz langsam, öffnet das Monster sein tiefschwarzes Maul. Weiter und immer weiter öffnet es sich, ähnlich wie bei einer Schlange, kurz bevor sie ihr Opfer verschlingt.

Und ich weiß, dass ich aus dieser Schlafparalyse nicht mehr erwachen werde.

DER TAGESPLAN

Meine Tochter Janina war schon immer ein sehr zurückgezogenes Mädchen. Als Kind spielte sie kaum mit anderen Gleichaltrigen aus der Nachbarschaft, man musste sie regelrecht dazu drängen. Wenn wir sie fragten, ob sie Spaß hatte, sah sie uns nur fragend an, beinahe so, als wollte sie, dass wir ihr zuflüstern, was sie zu antworten hatte.

Als sie älter wurde und in die Pubertät kam, zog sie sich noch weiter in ihr Zimmer zurück. Zunächst klingt das zwar nach einem typischen Teenagerverhalten, insbesondere in einem Haushalt mit zwei Brüdern, den Eltern und der Großmutter, doch sie tat in ihrem Zimmer etwas, das normale Mädchen in ihrem Alter nicht tun würden. Sie tat nichts. Absolut gar nichts.

Immer wenn ich in ihr Zimmer kam, um nach ihr zu schauen, saß sie auf ihrem Bett und starrte stupide an die Wand. Und auch wenn ich sie ansprach, sie nach ihrem Tag fragte oder nach ihrem Befinden, schaute sie mich bloß wortlos an. Die Situation war beängstigend, und trotzdem hatten wir uns davor gesträubt, mit ihr ins Krankenhaus zu gehen, um ihre Psyche überprüfen zu lassen. Wir wollten einfach nicht wahrhaben, dass unsere eigene Tochter psychisch krank sein könnte und vielleicht Hilfe benötigte. Doch die Probleme waren nicht abzustreiten.

Als ich dann aber vor gut einem Jahr mit meiner Frau übers Wochenende verreist war und wiederkehrte, wurde uns die Entscheidung, was wir tun sollten, abgenommen.

Dass uns kein Empfangskomitee begrüßte, überraschte uns nicht sonderlich. Janina war, wie gesagt, nie sehr kontaktfreudig, und unsere Söhne, Jan, der damals 16 Jahre alt war, und Kevin, sein um ein Jahr älterer Bruder, saßen vermutlich in ihren Zimmern und zockten. Die beiden verkörperten wirklich jedes Klischee, sie entfernten sich von ihren Konsolen meist nur, um auf die Toilette zu gehen oder sich Essen aus der Küche zu holen. Solange sie wenigstens duschten, war das in Ordnung für mich.

Während meine Frau noch die Koffer ausräumte, ging

ich die hölzerne Treppe hinauf. Von Jan und Kevin bekam ich auf mein fröhliches „Wir sind zurück!“, nur ein liebloses „Hey“ und „Ihr wart weg?“ entgegen. Ich seufzte. Die beiden machten es einem wirklich nicht leicht.

Als ich dann aber das Zimmer von Janina betrat, stockte mir kurz der Atem.

Mit eingefallenem Gesicht saß sie auf ihrem Bett und schaffte es nicht einmal, den Kopf in meine Richtung zu drehen. Ich lief zu ihr und fragte, was los sei. Als ich ihren Arm berührte, spürte ich, dass er dünner war als gewohnt. Sie starrte weiterhin nur geradeaus und atmete schwer. Ich war mir nicht einmal sicher, ob sie meine Anwesenheit überhaupt bemerkte.

Erst als der erste Schock langsam abklang und ich mit meinem Handy den Krankenwagen verständigte, vernahm ich den beißenden Ammoniakgeruch. Der Gestank ging direkt von meiner Tochter aus und ich verstand, um was es sich handelte: getrocknetes Urin. Ich rannte runter zu meiner Frau und wenige Minuten später traf endlich der Krankenwagen ein, der unsere Tochter mit ins Krankenhaus nahm. Dort stellten sie fest, dass Janina seit zwei Tagen, vermutlich seit dem Moment, in dem meine Frau und ich abgereist waren, nichts mehr getrunken oder gegessen hatte. Sie war stark dehydriert, hatte anscheinend kaum eine Sekunde geschlafen und das aufrechte Sitzen in der immer gleichen Position hatte dafür gesorgt, dass ihr Hintern wund geworden war.

Rückblickend betrachtet fiel mir auf, dass sie wohl tatsächlich nur dann etwas trank oder aß, wenn wir sie darauf angesprochen hatten oder sie aufforderten, zum gemeinsamen Familienessen zu erscheinen. Während wir weg waren, hatte ihr niemand gesagt, was sie tun sollte, und so tat sie anscheinend gar nichts, nicht einmal ihren normalen menschlichen Bedürfnissen war sie nachgekommen. Ihre Brüder waren in ihre Videospiele vertieft und hatten vermutlich nicht nach ihr geschaut, und ihre Großmutter, die bei uns lebte, seit mein Vater verstorben ist, wird wohl ihr Zimmer nicht betreten haben.

Das Verhältnis zwischen meiner Mutter und der restlichen Familie war etwas angespannt. Sie war eine sehr spezielle Frau, um es vorsichtig auszudrücken, und nahm kein Blatt vor den Mund. In der Vergangenheit hatte sie mehrfach den Kleidungsstil meiner Frau als „schlampig" bezeichnet, meine Söhne als „Taugenichtse" und Janina als „Psychomädel". Bezeichnungen, auf die meine Kinder nie groß reagierten, auch wenn es bestimmt dennoch beleidigend für sie war. Meine Frau sah darüber hinweg, sie summte in diesen Momenten immer ihr Mantra, dass meine Mutter schon alt war und sich das Problem bald von allein lösen würde.

Ich weiß, dass meine Mutter im Grunde eine gutherzige Person war, und auch wenn es Spannungen gab, hatte ich gehofft, dass sie zumindest einmal bei meinen Kindern vorbeischaute, wenn sie schon im selben Haus wohnte. Doch Schuldzuweisungen brachten uns auch nicht weiter.

Nachdem die lebensbedrohliche Situation im Griff war, wurde Janina umgehend an einen Psychologen verwiesen.

Vier Wochen später wurden wir zu einem Gespräch einbestellt, bei dem wir über den Geisteszustand unserer 15-Jährigen aufgeklärt werden sollten.

Der Psychologe, ein älterer Herr mit Halbglatze, kleiner Hornbrille und weißem Kittel namens Dr. Frederic Nahls, erklärte uns, dass Janina eine Verhaltensstörung hatte. Auch in der Klinik war sie vollkommen teilnahmslos gewesen, bis man ihr sagte, was sie zu tun hatte, sei es nun essen, trinken, das Bad aufsuchen oder im Krankenhausgarten spazieren. Sobald man ihr eine Anweisung gab, folgte sie.

Also erstellte man ihr einen Tagesplan, an den sie sich halten konnte. Testweise schrieben die Psychologen zum Beispiel einmal auf, dass sie für eine Stunde die Zimmerpflanze beobachten sollte, um zu überprüfen, ob sich bei sinnlosen Aufgaben Widerstand in ihr regte. Doch ohne zu hinterfragen tat sie, was ihr aufgetragen wurde. Auch andere merkwürdige Befehle, wie alle fünf Minuten auf der Stelle joggen oder zehnmal hintereinander das Fenster öffnen und schließen, wurden, ohne zu zögern, durchgeführt.

Während Dr. Nahls dies mit einer seltsamen Faszination berichtete, konnte ich das Gefühl nicht abschütteln, dass er meine Tochter als Versuchskaninchen missbraucht hatte. Da er aber der Profi war und ich mir wirklich Sorgen um Janinas Wohlergehen machte, wollte ich ihm nicht ins Wort fallen und lauschte aufmerksam seinen weiteren Erklärungen.

Dr. Nahls sagte, dass seine erste Vermutung darin bestand, dass ihr Gehirn eine deutliche Leistungsschwäche aufwies. Vielleicht war sie nicht in der Lage, Entscheidungen selbstständig zu treffen, und brauchte daher die Unterstützung einer außenstehenden Person. Um diese Theorie zu überprüfen, wurde ein Scan durchgeführt, der ihre Hirnwellen aufzeichnete. Doch das Ergebnis war überraschend, denn offenbar lag Janinas Problem nicht darin, dass in ihrem Kopf zu wenig vor sich ging, ganz im Gegenteil: Sie verarbeitete zu viele Gedanken auf einmal und war schlichtweg überfordert.

Der Psychologe erläuterte, dass der Mensch viele Entscheidungen am Tag treffen muss, und die meiste Entscheidungsfindung unterbewusst geschieht. Atmen und Blinzeln werden ohne aktiven Denkprozess ausgeführt. Andere Tätigkeiten sind allerdings mit klaren aktiven Entscheidungsfindungen verbunden. Allein der Vorgang „Essen“ ist mit Dutzenden verbunden: „Was soll ich essen?“ „Soll ich es holen gehen?“ „Welches Besteck benötige ich?“ „Wie viel Hunger habe ich?“ Und so weiter und so fort.

Da Janinas Gehirn durchgehend von Gedanken überlastet wäre, fiele es ihr schwer, überhaupt eine Entscheidung zu treffen. Der Doktor verglich es mit einer Tür: Während bei gesunden Menschen Gedanken einfach durch die Tür schreiten können und zu Entscheidungen werden, ist es bei ihr so, als würden Hunderte Gedanken auf einen Schlag durch diese Tür hindurchwollen. Nur dass diese dadurch verstopft und somit kein Gedanke es schafft, zu einer Entscheidung zu werden.

Letztlich bedeutete dies, dass Janina weiterhin bei uns leben konnte, aber langfristig nicht in der Lage war, ein autonomes Leben zu führen. Sie musste quasi fremdgesteuert werden.

Da es ein enormer Zeitaufwand war, ihren ganzen Tag zu planen, und auch ihre Gesundheit davon abhing, riet der Psychologe uns, eine Pflegerin zu engagieren, die uns diesen Aufwand abnehmen und jeden Morgen, nachdem ich, meine Frau und meine Söhne das Haus verlassen hatten, um zur Arbeit oder zur Schule zu gehen, ihr einen Plan vorlegen sollte, mit den Dingen, die sie zu tun hatte.

Mittlerweile war gut ein Jahr vergangen und seit die Pflegerin, eine nette ältere Dame namens Elli, sich um Janina kümmerte, hatte sich unser aller Leben drastisch verbessert.

Janina wirkte glücklich, wenn sie wusste, was sie zu tun hatte. Die Gewissheit, keine eigenen Entscheidungen treffen zu müssen, zu wissen, wann sie wo sein musste und was sie wann zu essen hatte, schien ihr Freiheit zu schenken. Sie sprach zwar weiterhin kaum mit uns, aber das war in Ordnung. Dr. Nahls hatte uns gesagt, dass das Bilden von Sätzen ebenfalls mit vielen Entscheidungen zusammenhängt, es sei also annehmbar, dass ihr das Reden enorm schwerfällt.

Doch eines Tages, ich war gerade in meinem Büro und sprach mit einem Kunden, klingelte mein Telefon. Es war die Polizei, ich sollte umgehend nach Hause kommen.

Ich machte mich sofort auf den Weg und kam eine halbe Stunde später zu Hause an. Das Haus war mit Polizeiband abgesperrt und mehrere Streifenwagen parkten davor.

„Sind sie Herr Drönning?“, fragte mich ein Polizist, der sich als Herr Christiansen vorstellte, mit einer gewissen Trauer in der Stimme, kaum dass ich angekommen war.

„Ja“, entgegnete ich umgehend. „Das bin ich, was ist passiert? Geht es allen gut?“.

„Vor ungefähr einer Stunde bekamen wir den Anruf Ihrer Nachbarin, dass sie Schreie einer Frau aus Ihrem Haus hören konnte, die dann aber recht abrupt verstummten.“ Herr Christiansen machte eine Pause, in der er gen Boden blickte. „Das klang nach einer akuten Gefahrenlage, also haben wir uns Zugang ins Haus verschafft, nachdem niemand geöffnet hat. Drinnen war erst mal alles ruhig, aber die Tür zur Wohnung Ihrer Mutter stand offen.“

Mein Herz schlug immer schneller. Ein Teil von mir wünschte sich, dass er endlich mit der Sprache herausrückte, ob es allen gut ging, gleichzeitig fürchtete ich mich davor.

„Herr Drönning“, fuhr er nach einer kurzen Pause fort. „Wir haben Ihre Mutter am Boden liegend vorgefunden. Sie verstarb noch am Tatort, es tut mir leid.“

Ich hatte das Gefühl, den Boden unter den Füßen zu verlieren. „Sie wurde mit zehn Messerstichen ermordet.“

„W-wie bitte?“, brachte ich stotternd hervor. Das konnte doch nicht wahr sein! Ermordet? In unserem Zuhause? Wer sollte so etwas tun?

„Als wir das Schlafzimmer Ihrer Mutter betraten, lag sie blutend am Boden. Der Notarzt konnte leider nichts mehr für sie tun. Sie müssten bitte einmal mit uns auf die Wache kommen“, sagte der Polizist und legte mir eine Hand auf die Schulter.

„Glauben Sie etwa, dass ich sie umgebracht hätte?!“ Die bloße Vorstellung, jemand könnte behaupten, ich hätte meiner Mutter so etwas Schreckliches angetan, schockierte mich.

„Keineswegs.“ Der uniformierte Mann sah mich mitleidig an. „Wir wissen bereits, wer die Mörderin ist.“ Einen Moment lang herrschte eine Stille zwischen uns, die sich wie die Ruhe vor dem Sturm anfühlte. Und so war es auch, denn das, was er als Nächstes sagte, stahl mir den Atem. „Herr Drönning, Ihre Tochter hat Ihre Mutter erstochen.“

Ich war fassungslos. „Soll das ein schlechter Scherz sein?" Ich wich einen Schritt zurück und seine Hand glitt mir von der Schulter.

„Sie saß neben der Leiche auf dem Bett und starrte ins Nichts. Das Messer befand sich noch in ihrer Hand und ihre Klamotten, das Bett und der Boden waren blutüberströmt. Wir müssen nur noch herausfinden, warum das passiert ist, aber Ihre Tochter will keine Aussage machen."

Die nächsten Stunden fühlten sich an wie ein schrecklicher Albtraum, der wie im Delirium an mir vorbeizog und mir keine Zeit zum Verstehen ließ.

Janina, meine Frau und ich wurden endlosen Befragungen ausgesetzt. Für die Beamten war der Sachverhalt offensichtlich. Meine Tochter hat, aus welchem Grund auch immer, ihre eigene Großmutter getötet. Wir versuchten immer wieder zu erklären, dass unsere Tochter gar nicht in der Lage war, eigene Entscheidungen zu treffen, doch man glaubte uns nicht. Die ganze Geschichte klang ja auch sehr seltsam, doch zum Glück konnten wir Dr. Nahls verständigen, der sofort zur Wache eilte und als Sachverständiger unsere Geschichte bezeugen konnte.

Er erklärte, dass die vielen Entscheidungsschritte, die dazu nötig waren, jemanden umzubringen, nicht von ihr getroffen worden sein konnten. Wenn jemand es ihr allerdings befohlen hätte, sei es nun im direkten Gespräch oder über den Tagesplan, dann hätte sie diese Tat ohne weitere Nachfragen durchgeführt, zumindest ließen die Tests, die mit ihr gemacht worden waren, das erwarten.

Damit war meine Tochter, obwohl sie meine Mutter niedergestochen hatte, nicht die Mörderin, sondern lediglich das Mordwerkzeug von jemandem, der ihren hilflosen Zustand ausnutzte. Die Frage war nur, wer ihr den Auftrag erteilt hatte und warum.

Die erste Vermutung lag nahe: Elli, ihre Pflegerin, war diejenige, die ihr alle Aufträge seit einem Jahr erteilt hatte.

Sie hätte dem Tagesplan problemlos einen entsprechenden Auftrag hinzufügen können.

Da Janinas Tagesplan stets auf ihrem Schreibtisch lag, bat ich den Polizisten, der auch die Befragung bei uns durchgeführt hatte, darum, dass er seine Kollegen das Zimmer untersuchen lässt, ob ein solcher Zettel auffindbar ist.

Während einige Polizisten nochmals an den Tatort fuhren, um nach Janinas Tagesplan zu suchen und diese Theorie zu überprüfen, kümmerte sich Dr. Nahls in einem separaten Raum um Janina.

Meine Frau und ich überlegten, welches Motiv Elli gehabt haben könnte, so etwas zu tun. Meine Mutter hatte nie irgendwelche Probleme mit unserer Pflegerin erwähnt. Soweit wir wussten, hatten sie, von gelegentlichem Small Talk abgesehen, nicht einmal miteinander geredet. Allerdings musste ich zugeben, dass auch ich selten mit meiner Mutter gesprochen hatte, obwohl sie direkt nebenan wohnte, und da Elli stets kam, wenn wir alle das Haus verließen, könnte es durchaus sein, dass irgendetwas zwischen den beiden vorgefallen war, ohne dass wir davon etwas mitbekommen hatten.

Während wir noch diskutierten, kam der Polizist zurück und berichtete uns, dass im Zimmer unserer Tochter kein solcher Zettel gefunden worden war, auch nicht in den Mülleimern oder sonst wo im oder am Haus. Im Papiereimer fanden sie zwar die Tagespläne der vergangenen Woche, doch nach eingehender Überprüfung war man sicher, dass zumindest auf diesen nichts von einem geplanten Mordauftrag zu lesen war.

Mir kam es verdächtig vor, dass der aktuelle Tagesplan unauffindbar war, denn es war klar abgesprochen, dass Elli morgens den Zettel auf den Schreibtisch legte und ihn mit Janina besprach und meine Frau und ich ihn abends kontrollierten und entsorgten. Dass dieser Zettel nun verschwunden war, verschärfte den Verdacht, dass Elli etwas damit zu tun hatte. Vielleicht hatte sie nicht nur den Befehl zum Auftragsmord niedergeschrieben, sondern auch den Befehl, dass meine Tochter den Zettel irgendwo entsorgen sollte, wo man ihn nicht so leicht findet?

Aber es war einfach zu auffällig. Genauso gut hätte sie Janina einfach mündlich den Auftrag erteilen können, dann wäre es ausgeschlossen, dass irgendwelche Beweise auftauchten.

Trotzdem wollten die Polizisten dem nachgehen, anscheinend gab es immer mal wieder Mordfälle, bei denen die Täter nicht sonderlich logisch handelten. Also schickten sie umgehend eine Streife in das Krankenhaus, in dem Elli arbeitete. Dort angekommen, wurde ihnen allerdings mitgeteilt, dass Elli nicht zur Arbeit erschienen war, da sie sich am Morgen krankgemeldet hatte.

Die Polizisten fuhren zum Wohnhaus der älteren Dame, um das zu überprüfen. Tatsächlich fanden sie sie schweißgebadet in ihrem Bett vor. Umgehend wurde sie über die Situation und den Verdacht aufgeklärt. Doch schon als die Beamten ihr sagten, dass Janina ihre Großmutter ermordet hatte, bemerkten sie, so wurde es uns später jedenfalls mitgeteilt, einen unfassbaren Schock im Gesicht der älteren Pflegerin. Elli erklärte, dass sie sich den ganzen Morgen bereits unwohl gefühlt hatte und sich, kurz bevor sie zur Arbeit aufbrechen wollte, schlagartig übergeben musste. Nach der Krankmeldung in der Klinik hatte sie angeblich direkt bei uns zu Hause angerufen. Unglücklicherweise wusste sie lediglich unsere Festnetznummer auswendig, die Handynummern hatte sie in einem Notizheft im Krankenhausspind und somit nicht zur Hand. Doch da wir bereits das Haus verlassen hatten, erreichte sie uns nicht. Sie hatte sich aber keine großartigen Sorgen gemacht, da sie wusste, dass Janina zwar nicht in der Lage war, das Telefon abzuheben, es aber mithörte, wenn man auf die Mailbox sprach, was Elli dann auch tat.

Die Beamten in unserem Haus bestätigten, dass sich eine neue Nachricht auf der Mailbox befand. Es war tatsächlich Elli, die sich krankmeldete und Janina genau auflistete, was sie zu erledigen hätte.

Nun könnte man denken, das wäre ein Täuschungsmanöver, doch Ellis Nachbarn bestätigten, dass sich ihr Auto den ganzen Tag keinen Zentimeter bewegt hatte. Somit hatte sie ein Alibi und wir mussten neue Verdächtige finden. Dabei stellte Herr Christiansen eine Frage, die den Kreis der möglichen Täter drastisch einschränkte. Er wollte wissen, welche Personen ein eingehendes Verständnis über den psychischen Zustand meiner Tochter hatten.

Es gab einige Leute, die wussten, dass meine Tochter pflegebedürftig war, doch kaum jemand wusste spezifische Details. Genau genommen war ich mir recht sicher, dass nur meine Frau und ich, unsere beiden Söhne, Elli sowie meine Mutter selbst von ihren Eigenheiten wussten.

Da sowohl Elli als auch meine Mutter aus offensichtlichen Gründen aus dem Kreis der Verdächtigen herausfielen, gab es objektiv gesehen nur noch vier mögliche Täter. Meine Frau und ich konnten uns gegenseitig einigermaßen glaubhafte Alibis geben, denn wir hatten Janina an diesem Morgen gemeinsam geweckt und dann zusammen gefrühstückt, bevor wir beide zur Arbeit fuhren.

Also wurde ein Streifenwagen losgeschickt, der Jan und Kevin aus der Schule holen sollte. Selbstverständlich hatten wir den Beamten gesagt, dass unsere Kinder so etwas nie tun würden, aber da wir nicht hundertprozentig bestätigen konnten, dass sie nicht in Kontakt mit Janina gestanden hatten, und es sonst keine weiteren Verdächtigen gab, blieb keine andere Wahl.

Natürlich fehlten klare Beweise, dass wir unschuldig waren, aber ein Beweis für unsere Schuld oder ein deutliches Motiv war ebenfalls nicht vorhanden. Sicherlich, meine Frau hatte ihre Auseinandersetzungen mit meiner Mutter, genauso wie die Kinder eher ein kühles Verhältnis zu ihr hatten, wenn nicht gerade Weihnachten war und es Geld gab, aber einen Mord würde das niemals rechtfertigen. Auch besaß meine Mutter keine Reichtümer, ein üppiges Erbe war damit ebenfalls als Motiv ausgeschlossen.

Als unsere Kinder zur Wache gebracht und über den Fall aufgeklärt wurden, waren sie verständlicherweise geschockt. Auch wenn die Bindung nicht sonderlich eng war, so handelte es sich schließlich dennoch um ihre Oma, und ihre Schwester war als Mordwaffe missbraucht worden.

Die Aussagen meiner Kinder glichen den Aussagen meiner Frau und mir. Keiner von uns war Zeuge, dass jemand mit Janina gesprochen hätte.

Natürlich wurden wir trotzdem nicht endgültig als Täter ausgeschlossen, doch ein Beamter gab zu, dass er keine Gefahr bei uns sieht und sie lediglich klären müssen, wie sie nun weiter verfahren sollten.

Die Minuten verstrichen, als meiner Frau etwas auffiel, das mir einen Schauer über den Rücken jagte. Es gab noch jemanden, der Kenntnis von Janinas Zustand hatte. Sogar jemanden, der nicht nur davon wusste, sondern besser als jeder andere informiert war. Der Mann, der das Problem überhaupt erst erkannt hatte: Dr. Nahls!

Er hatte drei Mal in der Woche Sitzungen mit unserer Tochter, in denen die beiden alleine waren. In dieser Zeit hätte er ihr alles Mögliche auftragen können und er hätte auch genau gewusst, wie er den Auftrag hätte formulieren müssen, um sein gewünschtes Ziel zu erreichen. Keiner hatte mehr Kontrolle über Janina als er.

So gruselig die Vorstellung auch war, für mich ergab alles einen Sinn. Ich wusste nur nicht, warum dieser Psychologe einen Groll gegen meine Mutter hegen sollte. Er war selbst schon älter, vielleicht kannten die beiden sich von früher und hatten eine Auseinandersetzung oder vielleicht, und das hielt ich für wahrscheinlicher, wollte er testen, zu was meine Tochter alles fähig wäre, wenn sie nur die richtigen Anweisungen bekam. Als er uns vor knapp einem Jahr über die hintergründigen Probleme meiner Tochter in Kenntnis gesetzt hatte, war er fasziniert gewesen. Vielleicht wollte er diese Krankheit, zu der es keine Aufzeichnungen gab, bekannt machen und sich selbst in der Medizinwelt einen

Namen verdienen. Nichts würde international für mehr Aufsehen sorgen als eine Krankheit, die ein augenscheinlich normales Mädchen zu einer kaltblütigen Killerin macht.

Und genau dieser Mann saß seit gut zwei Stunden mit unserer Tochter in einem Untersuchungszimmer, das weder von Kameras überwacht noch von den überarbeiteten Polizisten kontrolliert wurde. Es herrschte schließlich volles Vertrauen in den anerkannten Dr. Nahls, der extra darum gebeten hatte, bei seiner Untersuchung nicht gestört zu werden. Wer weiß, was er ihr gerade für Dinge aufträgt! Ich sah meine Frau an und wir kamen beide zu demselben Schluss. Wir stürmten aus dem Raum, der glücklicherweise nicht abgeschlossen war, da man bei uns keine Fluchtgefahr vermutete, und rannten durch den langen Flur der Wache hinüber zum Untersuchungszimmer. Ein Polizist sprang von seinem Schreibtisch auf und wollte wissen, was los sei, doch wir rannten einfach weiter und er uns hinterher.

Ohne zu zögern, drückte ich den Griff nach unten und riss die Tür auf, in der Hoffnung, Dr. Nahls auf frischer Tat überführen zu können. Ich war davon überzeugt, dass wir gleich hören würden, wie er sie lobt oder ihr einen neuen brutalen Auftrag gibt. Doch das, was im Inneren auf uns wartete, hätte so niemand voraussehen können.

Inmitten des hellen Raumes lag auf dem ehemals weißen Teppich der blutüberströmte, leblose Körper von Dr. Nahls. Sein Gesicht war bläulich angelaufen und bei genauerer Betrachtung sahen wir, dass seine Augäpfel aus den Höhlen gerissen und neben ihm auf den Teppich fallen gelassen worden waren. Sein Hals war zerdrückt und sein Mund weit aufgerissen, so als hätte er mit aller Kraft versucht, nach Luft zu schnappen oder um Hilfe zu rufen. Auf dem Stuhl vor seiner entstellten Leiche saß meine Tochter. Mit blutigen Händen saß sie still da, Tränen liefen an ihrem Gesicht hinab.

Während wir wie angewurzelt im Türrahmen stehen blieben und der Polizist an uns vorbeistürmte, um nach dem Puls des Psychologen zu suchen, hörte ich zum ersten Mal seit vielen Jahren, wie meine Tochter einen eigenständigen Satz formulierte und ihn an uns richtete. „Macht, dass die Stimme aufhört.“ Kurz darauf brach sie komplett in sich zusammen.

Seit diesem furchtbaren Tag sind einige Wochen vergangen. Janina wurde, nachdem sie Dr. Nahls und ihre Großmutter getötet hatte, in eine dauerhafte und gesicherte Betreuung gegeben. Hierbei stellte ein anderer Psychologe fest, dass die Theorie von Dr. Nahls nicht ganz korrekt war. Anhand der wenigen Sätze, die meine Tochter nach der Tat gesprochen hatte, bevor sie zurück in den lethargischen Zustand gefallen war, den wir von ihr gewohnt waren, konnte eine neue Diagnose erstellt werden. Demnach hatte sie eine ausgeprägte Schizophrenie, bei der sie eine innere Stimme hörte, die ihr befahl, schreckliche Dinge zu tun. Die Stimme schien so ausgiebig mit Janina zu reden, dass sie nicht mehr in der Lage war, auch nur einen klaren Gedanken zu fassen. Der konkrete Tagesplan, den man ihr gab, lenkte sie davon ab, aber als Elli ihr an diesem Tag keinen Plan vorgelegt hatte, kam die Stimme, die knapp ein Jahr lang unterdrückt worden war, in einer unfassbaren Intensität zurück. Janina hatte offenbart, dass die Stimme sie anschrie, dass sie ihre Großmutter und später auch den Doktor töten sollte. Als sie sich zunächst erfolgreich geweigert hatte, versprach sie ihr Freiheit, schwor, sie würde danach verschwinden, aber das tat sie nicht. So funktioniert Schizophrenie nun einmal nicht.

Die Stimmen, die ihren Tag bestimmten, hatten wir all die Jahre übersehen.

HEIMWEG

Ich bin so ein Trottel. Es gäbe so viel bessere Wege, doch ich nahm natürlich wieder den am wenigsten sinnvollen.

Ihr müsst wissen, mein Name ist Takanagi und ich lebe in einem kleinen Örtchen rund 30 Minuten südlich von Yokohama. Die Stadt hat nicht mehr als 10.000 Einwohner, aber vor fünf Jahren hat sich hier ein relativ großes Anime-Studio mit über 130 Angestellten angesiedelt. Schon als Kind hatte ich davon geträumt, in einem solchen Studio an neuen Serien und Filmen zu arbeiten, und so nutzte ich bei der Eröffnung direkt die Chance, mich zu bewerben, und wurde tatsächlich eingestellt. Es ist ein harter Job, keine Frage, doch er macht mir Spaß, auch wenn es hin und wieder bedeutet, dass ich in einer 14-Stunden-Schicht bis spät in die Nacht hinein vorm Rechner oder Tablet sitze und versuche, irgendwie die Deadlines einzuhalten.

Doch die wahren Probleme begannen, sobald ich Feierabend hatte. Immer wenn ich mit meiner Tasche entnervt als Letzter das Büro verließ und die Tür zum Studio verschloss, bemerkte ich, dass ich beobachtet wurde, und ich wusste auch, von wem. Kazuko war eine ehemalige Kollegin, die ungefähr ein Jahr nach mir beim Studio angefangen hatte. Sie war eine hübsche junge Frau, hatte lange schwarze Haare, große dunkle Augen und trug stets tiefroten Lippenstift, der perfekt mit ihrem kühlen Hautton harmonierte. Ich merkte schon damals, dass Kazuko etwas für mich übrighatte, denn sie suchte stets meine Nähe. Wartete mit dem Mittagessen, bis ich meines zu mir nahm, nur um neben mir zu sitzen. Machte Feierabend, sobald ich ging, oder machte Überstunden, wenn ich länger blieb.

Es war schmeichelhaft, von einer hübschen jungen Frau gemocht zu werden, doch ich verstand ihre Gründe nicht und hatte ohnehin weder Zeit noch Lust auf eine ernsthafte Beziehung. Mein Interesse galt ausschließlich meiner Arbeit, für mehr war kein Platz. Zugegeben, ich verhielt mich Kazuko gegenüber vielleicht nicht fair, mehrfach hatte ich sie mit zu mir genommen, wenn mir der Sinn danach stand, und sie nach dem Sex stets heimgeschickt, ganz egal, wie spät es war. Vermutlich hatte sie wegen unserer gelegentlichen Treffen die Hoffnung, dass ich an einer Beziehung oder Ähnlichem interessiert wäre. Wenn sie in simplen Geschlechtsverkehr mehr hineininterpretierte, war das nicht mein Problem.

Nur, dass es letztlich doch zu meinem Problem wurde. Mit der Zeit wurde sie immer obsessiver, sie beobachtete mich manchmal minutenlang mit einem leeren Blick, lauerte mir in meiner Freizeit auf, schrieb Frauen, mit denen ich auf Bildern online zu sehen war, oder klingelte nachts an meiner Tür, in dem Glauben ich würde sie hereinlassen. Irgendwann litt auch ihre Arbeit unter diesem Verhalten. Sie war eine talentierte Zeichnerin, keine Frage, doch statt sich darauf zu konzentrieren, ihr Pensum zu erfüllen, verbrachte sie die Arbeitstage damit, mich regelrecht zu observieren. Manchmal sah ich von meinem Bildschirm hoch und bemerkte, wie Kazuko halb versteckt hinter einem Türrahmen stand und mich anstarrte. Ich wusste nie, wie lang sie da bereits stand, doch ich bekam jedes Mal eine Gänsehaut, wenn ich sie erblickte.

Als unser Chef mitbekam, was vor sich ging, sah er sich gezwungen, Kazuko zu entlassen. Sie hielt die Produktion nur auf und war somit nicht mehr tragbar. Zugegeben, so richtig von sich aus mitbekommen hatte unser Chef das nicht, ich hatte mich bei ihm über sie beschwert, es nervte mich, ständig unter Beobachtung zu stehen, und ich wollte sie einfach loswerden. Damals hatte ich gedacht, dass dies mein Problem mit ihr lösen würde. Dass sie nach der Kündigung wegzöge und mich einfach in Frieden ließe. Doch ihre Obsession wurde nur ausgeprägter.

Mittlerweile war ich es gewohnt, dass jeden Tag, wenn ich das Büro verließ, Kazuko bereits auf mich wartete. Es ist zur Gewohnheit geworden, ihr bleiches Gesicht zu sehen, sobald ich meinen Blick von der Tür abwende und mich auf den Heimweg mache.

Heute war es nicht anders, ich drehte mich um und Kazuko stand vor mir. Obwohl ich damit bereits gerechnet hatte, erschrak ich. Ihr Gesicht zierte ein verstörend großes Grinsen, der Lippenstift war unsauber gemalt und Tränensäcke zeichneten sich unter ihren Augen ab. Sie sah mich erwartungsvoll an, so als würde sie hoffen, dass ich ihre Hand ergreife und sie mit zu mir nehme.

Normalerweise ignorierte ich sie einfach, doch nach 14 Stunden harter Arbeit platzte mir heute einfach der Kragen. Ich schrie sie an, dass ich sie weder liebe noch je geliebt habe und dass ich will, dass sie mich endlich in Ruhe lässt. Ich sagte ihr, dass der Sex gefühllos war und ich es nicht mehr ertragen kann, ihr Gesicht zu sehen.

Ich sah, dass diese Worte sie wie Messerstiche ins Herz trafen, als würde jeder Satz aus meinem Mund ihr wirklich körperlichen Schaden zufügen, doch es war mir egal. Nachdem ich fertig war, ließ ich sie stehen, ohne eine Antwort abzuwarten. Mit strengem Schritt begann ich meinen Heimweg. Es war nicht sonderlich weit, gerade einmal 30 Minuten zu Fuß in die eine Richtung und 35 Minuten in die andere. Der schnellste Weg nach Hause jedoch führte mitten durch ein bewaldetes Gebiet. Dort gab es keine Beleuchtung, keine Wege, es war ein nahezu unergründetes Stückchen Land mitten in einer Kleinstadt, und nachts war es vollkommen verlassen. Dass niemand freiwillig im Dunklen diesen Wald durchquerte, lag nicht zuletzt auch an den Gruselgeschichten, die in der Stadt erzählt wurden. Angeblich war er verflucht, weil einst die Leichen der Opfer eines Frauenmörders dort begraben worden waren und ihre Seelen ruhelos umherziehen, auf der Suche nach dem Mann, der ihnen das angetan hat. Andere behaupten, sie hätten seltsame Wesen im Geäst beobachtet, Stimmen gehört oder gesehen, wie Menschen den Wald betraten, aber nie wieder verließen. „Der Wald der 100 Seelen“, wie meine Oma ihn früher immer genannt hatte.

Ich entschied mich kurzerhand, den 30 Minuten langen

Weg um die Ostseite des Waldes herum zu nehmen, doch wie ich es befürchtet hatte, wurde ich verfolgt. Ich drehte mich um und sah, dass Kazuko mir hinterherlief. Sie passte sich stets meinem Tempo an und durchbohrte mich mit einem nahezu leeren Blick, als würde sie immer noch die Dinge verarbeiten, die ich ihr entgegengeschleudert hatte.

Ich begann zu rennen, doch das schnelle Klackern ihrer Absätze hinter mir wurde einfach nicht leiser. Sie jagte mich förmlich und ich hatte eine Idee. Ich lief in den Wald hinein und hörte, wie es zu erwarten war, dass Kazuko mir folgte. Sie war direkt hinter mir gewesen, als wir beide im tiefschwarzen Wald verschwanden.

Seitdem sind fast zwei Stunden vergangen. Kazukos Schritte sind schon lange verhallt und ich irre weiterhin durch den Wald. Es ist so dunkel, dass ich beinahe nichts sehen kann. Ich verstehe diesen Wald nicht, ich gehe seit einer gefühlten Ewigkeit in ein und dieselbe Richtung und erwarte, dass ich irgendwann mal ein Haus oder wenigstens ein Licht in der Ferne erblicke, doch nichts. Überall nur geschwungene Bäume und Büsche, die sich in der Dunkelheit nur schemenhaft abzeichnen und mir beinahe das Gefühl vermitteln, als hätten sie menschliche Züge. Das ergibt alles keinen Sinn, und ich habe das Gefühl, dass ich mich, statt einen Ausweg zu finden, nur tiefer in diesem Wald verliere. Langsam beginne ich verrückt zu werden. Ich bin sicher, Dinge zu hören, Stimmen, die leise in der Ferne etwas sagen, das ich nicht verstehe, und immer wieder sehe ich aus dem Augenwinkel Gestalten, die verschwinden, sobald ich meinen Blick auf sie richte. Schritt für Schritt verlaufe ich mich weiter in diesem Dickicht aus endloser Schwärze, bis ich sie dann plötzlich vor mir sehe.

Auf dem Boden vor meinen Füßen, in einem Gemisch aus Laub, Dreck und Blut, liegt Kazuko. Wie ein weggeworfenes Stück Abfall liegt sie leblos da. Ihr Genick ist gebrochen, ihre Augen starren leer in die Dunkelheit, der rote Lippenstift ist nun völlig verwischt. Aus ihrer Nase rinnt eine dünne Spur aus tiefrotem Blut ihre bleiche Wange hinunter und mehrere Knochen in ihren Gliedmaßen sind sichtbar gebrochen.

Es ist ein grausamer Anblick, den ich keiner Menschenseele wünschen würde. Als ich Kazuko da liegen sehe, fängt mein Herz an zu rasen, es schlägt so schnell und stark in meiner Brust, dass ich das Gefühl habe, es würde mir jede Sekunde durch meinen Hals aus dem Mund fliegen.

Da Kazukos Körper hier vor mir liegt, kann es nur eins bedeuten: Ich bin im Kreis gelaufen. Ihr Körper liegt weiterhin dort, wo ich ihn vor zwei Stunden hingeworfen habe.

Egal wie sehr ich es versuche, egal was ich tue, von Kazuko komme ich einfach nicht weg.

ONLINE-DATING

Es gab Tage, da stand ich vor dem Spiegel und starrte mir einfach nur in die Augen. Musterte mein Gesicht, strich mir durch meine kurzen braunen Haare, fuhr mir über meine Wangen bis zum Kinn. Ich sah mich und verstand es einfach nicht.

Ich verstand nicht, wieso ich keine Freundin hatte.

Natürlich, ich fand mich selber nicht atemberaubend schön oder dachte, ich wäre der nächste Zac Efron, aber ich sah doch wenigstens normal aus. Ein normaler Junge mit einem normalen Gesicht, ohne irgendwelche größeren Makel, normale Augen, normale Ohren, normales Gewicht, normale Körpergröße und ich kleidete mich ebenso ganz normal.

Doch egal was ich versuchte, nie schaffte ich es, ein Mädchen für mich zu gewinnen. Ab und an hatte ich zwar ein Date, doch es konnte noch so vielversprechend laufen, letzten Endes landete ich immer in der Friendzone.

Ich hab dich wirklich gerne, Mats, ich bin froh, dass wir so gute Freunde sind.

Wieder und wieder musste ich mir solche Sätze anhören, doch ich hatte mittlerweile wirklich genug davon. Ich hatte genug gute Bekannte und Freunde, doch wo waren die Schmetterlinge im Bauch und die rosarote Brille, von der alle sprachen? Warum spürte nur ich diese Nervosität bei anderen, aber die anderen nie bei mir?

Vielleicht war ich einfach *zu* normal. Vielleicht *zu* gewöhnlich und nicht besonders genug. Doch mich zu verstellen war keine Option. Auf den ersten Blick mochte ich vielleicht etwas langweilig wirken, doch würde sich erst mal ein Mädchen die Mühe machen, mich richtig kennenzulernen, dann würde es doch merken, was für ein toller Freund ich wäre. Ich wollte auch endlich das erleben, wovon meine Freunde mir schon so oft erzählten.

Der erste Kuss, gemeinsame Unternehmungen, Urlaube oder einfach abends nicht alleine auf dem Sofa zu liegen, sondern eng aneinandergekuschelt gemeinsam einen Film zu schauen.

Ich hatte mittlerweile wirklich genug vom Alleinsein, deswegen entschloss ich mich endlich, etwas Neues auszuprobieren. Einen Schritt, vor dem ich mich bisher immer gesträubt hatte, doch langsam musste sich doch etwas ändern!

Also probierte ich das, was verzweifelte Liebessuchende eben taten.

Onlinedating.

Ich hatte schon öfters mit dem Gedanken gespielt, mir auf den diversen Dating-Apps ein Profil zu erstellen, um zu schauen, ob sie das scheinbar Unmögliche vollbringen könnten, jemand Passenden für mich zu finden. Aber ehrlich gesagt war mir das Ganze auch peinlich. Wirklich peinlich. Was, wenn meine Freunde das herausbekämen? Sie würden wissen, wie verzweifelt ich war, und gerade das versuchte ich doch stets zu vermeiden.

Letztendlich blieb mir nichts anderes übrig, entweder Onlinedating oder ein Single in der Friendzone bleiben. Die Entscheidung fiel mir nicht schwer.

Ich lud mir also eine App herunter und erstellte ein Profil, bei dem ich versuchte, so natürlich wie möglich zu wirken. Nicht seltsam, nicht gruselig, nicht wie ein potenzieller Vergewaltiger und vor allem nicht so verzweifelt, wie ich nun mal war.

Und dann hieß es warten.

Warten.

Und warten.

Es verging der erste Tag, der zweite, der dritte, die erste Woche. Es kam mir vor wie eine Ewigkeit. Drei Wochen lang hatte ich schon dieses Profil und nicht ein Mädchen hatte sich bei mir gemeldet. Nur ein seltsamer 50-jähriger Mann wäre gerne mit mir ein Eis essen gegangen. Es ist wohl kaum erwähnenswert, dass ich ihm nicht geantwortet habe, trotzdem sah ich in seiner Nachricht meine endgültige Niederlage.

Doch plötzlich, während ich gerade über meinen Mathematikaufgaben für die Uni brütete, hörte ich, wie mein Handy vibrierte. Mit einem genervten Seufzer entsperrte ich mit meinem Fingerabdruck das Display. „Musst du immer so viel Müll in die Kursgruppe posten, Jonas?", dachte ich und schaute mit einem erwartungsvollen Schnauben auf meinen Handybildschirm.

Es war nicht Jonas, der mir gerade geschrieben hatte.

Meine Augen begannen zu leuchten.

„Nadine99_:)"

Was für ein süßer Name! Und mit einem Smiley dahinter. Ein breites Grinsen zog sich durch mein Gesicht und spiegelte das Lächeln am Ende ihres Namens. Aufmerksam las ich ihre Nachricht:

Hey Mats, ich bin schlecht darin, als Erste zu schreiben, also sorry, wenn ich etwas merkwürdig wirke! :)

Jedenfalls wurde mir eben dein Profil vorgeschlagen und du wirkst wirklich nett, vielleicht hast du ja mal Lust zu schreiben oder so, ich würde mich freuen. :)

Ganz lieben Gruß

Nadine

Ich spürte, wie große Freude in mir emporstieg. Doch ich sollte besser nichts überstürzen, vielleicht war sie ja einer dieser Bots. Ein Profil, dessen Nachrichten möglichst viele Nutzer erreichen sollten, um sie schließlich auf dubiose Seiten zu locken, wo sie deren Naivität ausnutzten, um ihnen möglichst viel Geld aus den Taschen zu ziehen.

Ich musste mich also erst mal davon überzeugen, dass hinter Nadine99_:) wirklich ein echtes Mädchen steckte.

Ich sah mir ihr Profil an, klickte mich von Bild zu Bild, las ihre Informationsseite durch und stellte amüsiert fest, dass wir dasselbe Sternzeichen hatten. Sie liebte Radfahren, Klavierspielen und Tanzen, las gerne, schaute *Game of Thrones* und ihre Lieblingsfarbe war Rot. Nichts ließ auch nur den

Anschein erwecken, dass diese Nadine ein Bot war. Nein, sie musste real sein. Und außerdem noch echt hübsch! Ihr Profilbild zeigte sie in einem geblümten Sommerkleid posierend vor einem Waldweg. Ihr Lächeln strahlte mir sympathisch entgegen und ihre rundlichen, femininen Gesichtszüge wurden von einer langen, dunkelbraunen Lockenmähne eingerahmt.

Ich musste ihr sofort zurückschreiben, doch es fiel mir schwer, die richtigen Worte zu finden. Mit leicht zittrigen Händen tippte ich:

Hey Nadine, es freut mich, dass ich dir vorgeschlagen wurde! Ich hätte wirklich Lust zu chatten, wo kommst du her? :)
Liebe Grüße
Mats

Bereits wenige Momente später antwortete sie mir und die nächsten Tage verbrachte ich wie im Rausch. Im Minutentakt tauschten wir Nachrichten aus und mit jeder einzelnen schaffte sie es, dass ich sie mehr und mehr zu mögen begann. Es dauerte nicht lange, da war Nadine ganz und gar in meinen Kopf eingedrungen. Und da waren sie wieder, die Schmetterlinge im Bauch. Jedes Mal, wenn ich eine Nachricht von ihr bekam, begannen sie so heftig mit den Flügeln zu schlagen, dass die Glückshormone durch meinen ganzen Körper schossen. Und ich hoffte so sehr, dass es ihr ähnlich ging.

Nach wenigen Wochen vereinbarten wir ein Treffen in einer Stadt, die in etwa in der Mitte zwischen unseren Wohnorten lag, knapp dreißig Minuten Autofahrt von mir entfernt. Da Nadine keinen Führerschein besaß, verabredeten wir uns am dortigen Bahnhof. Und so stand Nadine dann eines Tages vor mir am Gleis, noch viel hübscher als auf all den Bildern, die sie mir geschickt hatte, und wir wurden an diesem Abend, nach einem leckeren Essen, guten Gesprächen, vielen Witzen und einem Kuss ein Paar.

Wir trafen uns nun mindestens einmal in der Woche, gingen zusammen ins Kino, spazierten im Park oder sie besuchte mich einfach nur zu Hause und wir schauten zusammen einen Film.

Und ich liebte wirklich jeden Moment. Wenn wir so dasaßen und sie statt auf den Fernseher mir ins Gesicht sah, mit den Fingerspitzen sanft über meine Wangen, Lippen und Nase strich und wie gefangen von mir aussah. Mein so normales Gesicht war für sie wunderschön, wie sie mir immer wieder zu verstehen gab.

Es fühlte sich alles so atemberaubend an, noch viel besser, als ich es erträumt hatte, doch es gab eine Sache, die mich störte:

Nie trafen wir uns bei ihr, obwohl es für mich viel einfacher gewesen wäre, mit dem Auto zu ihr zu fahren, als für sie mit der Bahn zu mir.

So langsam beschlich mich das ungute Gefühl, dass sie ihr Zuhause vor mir geheim halten wollte. Außerdem sprach sie nur selten über ihre Vergangenheit, ihre Eltern oder ihre Freunde. Das Ganze kam mir wirklich seltsam vor, doch ich wollte sie nicht bedrängen und damit womöglich verschrecken. Jedoch wurde ich mit der Zeit immer neugieriger, wollte wissen, wo sie lebt, ihre Eltern kennenlernen und als ihr Freund vorgestellt werden.

Also nahm ich all meinen Mut zusammen und fragte sie, als wir gerade mit einer Tüte Chips und einer Flasche Wein auf meinem Klappsofa saßen und einen Film schauten, ob ich sie nicht endlich mal besuchen kommen dürfte.

Sofort versteinerte sich Nadines Miene und sie wandte ihren Blick zu Boden. „Ich habe ja schon befürchtet, dass du mich das fragen würdest“, sagte sie etwas geheimnisvoll und lächelte den Boden an. „Bitte wundere dich nicht, meine Familie ist …“, sie machte eine kurze Pause, um nach den passenden Worten zu suchen, „… speziell. Anders als der Normalfall, musst du wissen. Aber es wird wirklich Zeit, dass du endlich mal mit zu mir kommst.“

Nun sah sie mir mit einem gebrochenen Lächeln in die Augen und erzählte mir die traurigste Geschichte, die ich je gehört habe. Sie erzählte mir alles. Alles, was sie mir bisher verschwiegen hatte. Nadine erklärte mir, dass ihre Eltern bei einem tragischen Verkehrsunfall starben, als sie gerade erst zwölf gewesen war, und da sie sonst keine Familie hatte, musste sie zu ihrem letzten noch lebenden Verwandten ziehen: ihrem Opa. Der war wohl ein seltsamer, mürrischer alter Mann, der sich nie richtig um Nadine kümmerte. Das Einzige, für das er sich interessierte, war das Jagen und Ausstopfen von Tieren, mit denen er das ganze Haus dekoriert hatte. Von oben bis unten, quer durch alle Räume, stünde es voller toter Tiere und Nadine schämte sich deswegen, Freunde mit nach Hause zu nehmen, weshalb sie kaum welche hatte und schon gar keine, mit denen sie enger befreundet war. Sie war eine Einzelkämpferin. Zumindest so lange, bis sie mich kennenlernte. Jetzt wollte sie Schluss machen mit all den Geheimnissen und so verabredeten wir uns für den kommenden Freitag bei ihr.

Mich störte all das nicht weiter. Viele Leute hatten seltsame Eltern oder meinetwegen Großeltern, doch das war in meinen Augen kein Grund dafür, voreingenommen zu sein. Mir war es egal, wie das Haus aussah, in dem sie wohnte, ich wollte einfach nur das Zuhause des Mädchens kennenlernen, in das ich so verliebt war. Ich wollte sie unbedingt noch besser kennenlernen und verstehen. Außerdem war es für mich eine riesige Ehre, die einzige Person zu sein, der sie dieses Vertrauen entgegenbrachte. Sie musste mich wirklich gern haben!

Am besagten Freitag war ich dann trotzdem etwas aufgeregt, schließlich wusste ich nicht, was mich genau erwartete, ob sie mit ihren Beschreibungen vielleicht etwas übertrieben hatte und ob ihr Großvater mich mögen würde. Doch solche Gedanken und Sorgen hatte vermutlich jeder schon mal, wenn er zum ersten Mal die Familie der Freundin trifft.

Strikt folgte ich meinem Navi zu der angegebenen Adresse. „Wirklich schön hier“, dachte ich. Mit einem Lächeln auf den Lippen passierte ich das Ortsschild von Nadines Heimatstadt. Bad Serrfeld, eine ruhige Gegend am Rande eines großen Waldes und mit kleinen Fachwerkhäusern, die am Straßenrand eng aneinandergedrängt standen.

Kurz darauf erreichte ich bereits das gelbe Schild, das den Ortsausgang markierte, und mein Navi befahl mir, rechts in einen Waldweg abzubiegen.

Das Navi schickte mich über enge, sandige Wege voller Laub, Äste und Steine und ich überlegte schon, ob es nicht besser wäre, einfach umzukehren, da das bestimmt nicht der richtige Weg sein konnte! Aber Wendemöglichkeiten schien es keine zu geben, also fuhr ich weiter, weiter und weiter, bis ich es schließlich sehen konnte. Weit abgeschieden von der Stadt, der Zivilisation. Dort, mitten im Wald, stand es. Ein altes Gebäude, das bestimmt vor Jahrhunderten erbaut worden war, nicht zu vergleichen mit den gut gepflegten Fachwerkhäusern aus dem Stadtkern, auch wenn sie bestimmt aus der gleichen Zeit stammten.

Das Dach war moosbedeckt, manche Teile der Fassade schienen morsch zu sein, Farbe blätterte von den Fenstern ab, es schien sich niemand um dieses Haus zu kümmern. Nadine wusste vermutlich nicht viel von Renovierungen und ihr Opa war vielleicht schon zu alt, um die ganze Arbeit alleine zu bewältigen.

Ich parkte direkt vor dem Fenster, durch welches ich verschwommen eine weiß geflieste Wand erkennen konnte. In dem Moment, in dem ich den Motor abstellte, öffnete sich bereits die splittrige grüne Haustür und Nadine trat heraus.

Sie schien sich sehr zu freuen, mich zu sehen, doch gleichzeitig spürte ich auch, wie unangenehm es ihr war, dass ich nun wusste, wo und wie sie lebte.

Ich stieg aus und sofort kam sie auf mich zugestürmt und umarmte mich. „Ich freue mich wirklich, dich zu sehen“, sagte sie glücklich und küsste mich zur Begrüßung auf die Wange.

„Und ich freue mich auf deinen Opa! Wo ist er denn?“, fragte ich neugierig.

„Also was das angeht ...“ Nadines Lächeln versteinerte sich und abrupt senkte sie ihren Blick. „Ich bin erwachsen, Großvater muss nicht alles über mein Leben wissen. Ich denke, er braucht noch etwas Zeit. Er mag männlichen Besuch nicht so gerne. Komm doch erst mal rein.“

Mit festem Griff und mit der Ermahnung, leise zu sein, um den alten Mann nicht bei einem seiner Nickerchen zu stören, zog sie mich über die Türschwelle und direkt Richtung Treppe. Ich folgte ihr so lautlos wie möglich, doch ich konnte nicht widerstehen, einen Blick in das Wohnzimmer zu werfen. Und tatsächlich, die Wände, Regale und Tische, alles war voller ausgestopfter Tiere. Kleine Hasen, Füchse, Hirschgeweihe, Waschbärköpfe, alles, was der Wald zu bieten hatte, fand sein Ende hier in diesem Raum.

Für mich sah es so aus, als wäre dieses Haus Opfer des Projekts eines wahnsinnigen Künstlers geworden, der seine Grausamkeit bestens in seinen Werken zum Ausdruck brachte.

Inmitten seiner Kunst saß Nadines Großvater, ein etwas dicklicher Mann mit wenigen grauen Haaren, die als Halbglatze seinen Schädel zierten. Ein kariertes Hemd spannte sich über seinem Bauch, während er auf einem altmodischen Sessel saß, eine etwas gelbliche Zeitung lag auf seiner Brust. Er sah wirklich friedlich aus und ruhig, doch ich hätte schwören können, dass die Augen hinter der rundlichen Hornbrille nicht wie im Schlaf üblich geschlossen waren, sondern mich ansahen. Geradezu anstarrten. Vielleicht hielt er ja doch keinen Mittagsschlaf und hatte meine Ankunft mitbekommen?

Aber da Nadine mich weiterzog, hatte ich ihn nur für einen kurzen Augenblick gesehen, bestimmt spielte mir meine Nervosität einen Streich.

Während meine Freundin geradezu über die alte Holztreppe schwebte, knarrte und knackte sie unter meinem Gewicht so sehr, dass ich den alten Mann vor meinem inneren

Auge bereits aufschrecken sah. Ich rechnete wirklich damit, dass ihr Großvater gleich hinter uns stand, doch das tat er glücklicherweise nicht.

Im oberen Stockwerk angekommen sah es, was die Dekoration anging, ähnlich aus wie im Wohnzimmer. Überall hingen Tierköpfe, Geweihe oder Knochen, es war unheimlich, von Tausenden leblosen Augen beobachtet zu werden. Doch irgendwie hatte das Ganze auch etwas Faszinierendes, es war ein bisschen so, als befände man sich in einem Wildpark. Mit Erstaunen begutachtete ich einige Köpfe und tastete vorsichtig über ein ausgestopftes Wildschwein, dessen Borsten unangenehm auf der Haut kratzen. Die Präparate sahen so lebendig aus, dass es mich nicht überrascht hätte, wenn es sich im nächsten Moment bewegt hätte und ängstlich davon gesprungen wäre.

Nadine gewährte mir nur wenig Zeit, um meine Umgebung zu begutachten, sie griff nach meiner Hand, zog mich ins Innere ihres Zimmers und schloss die Tür hinter uns.

Der Raum war nur spärlich eingerichtet, aber selbst hier hingen ausgestopfte Tiere an den Wänden. Daneben besaß sie bloß ein altes Bett, einen Schreibtisch mit einem brüchigen Stuhl, einen Kleiderschrank und eine Kommode. Alles sah so aus, als wäre es von ihr und ihrem Opa selbst aus Holz hergestellt worden. Ich konnte bloß erahnen, dass die beiden nur wenig Geld hatten – vermutlich war die Waisenrente, die Kinder bekommen, wenn die Eltern starben, das Einzige an Geld, was sie besaßen, und das reichte nun mal nicht für teure Möbel oder Markenkleidung.

Vorsichtig ging ich durch ihr Zimmer, sah mir die Tierköpfe an und fragte, ob ihr Opa die hier aufgehängt hatte, doch zu meiner Überraschung waren diese Trophäen von ihr präpariert worden. Sie erzählte mir, dass ihr Opa es ihr beigebracht hatte und es ihr tatsächlich irgendwie Spaß machte, Tiere für die Ewigkeit zu konservieren. Das war wirklich nicht das, was ich mir unter *tierlieb*, so wie es in ihrem Profil stand, vorgestellt hatte.

Sie erzählte mir, dass diese Tiere, obwohl sie tot waren, noch so natürlich wirkten, dass es so schien, als wären sie noch immer lebendig. Unsterblich, obwohl sie tot waren.

Tatsächlich konnte ich ihre Faszination verstehen, denn ich erkannte die traurige Botschaft dahinter. Sie hatte beide Eltern verloren, sie waren tot, und das Präparieren war die einzige Möglichkeit, den Verfall des Lebens zu stoppen. Zumindest äußerlich.

Ich umarmte sie und sagte ihr, wie toll ihr Haus aussah. Ich wollte ihr die Sorgen nehmen, ich wollte, dass sie sich etwas entspannen konnte.

Sie lächelte mich an, wir saßen herum und redeten über alles Mögliche, lachten und hatten Spaß. Die ganze Zeit hoffte ich jedoch, dass ihr Opa uns nicht hörte. So vorsichtig, wie Nadine war, musste er eine wirklich unangenehme Person sein und ich wollte mich ungern mit ihm anlegen.

Ich fragte Nadine, ob sie mir etwas über ihre Exponate und das Ausstopfen erzählen könnte, nie hatte ich mich zuvor damit beschäftigt, daher interessierte es mich umso mehr, wie das Ganze funktionierte. Sofort fing Nadine an zu erzählen, sie erklärte mir, wie man die Tiere häutet, was man mit den Gedärmen macht, wie man die Augen ersetzt und auch wie blutig die ganze Angelegenheit ist. Es waren wirklich keine schönen Bilder, die sie mit ihren überaus konkreten Beschreibungen in meinem Kopf erzeugte, aber Nadine sprach mit so einer Leidenschaft darüber, dass es seltsam schön war, ihr zuzuhören. Während sie so erzählte und erzählte, von jedem noch so kleinen Schritt, fragte ich sie, ob sie die Tiere auch manchmal in lustigen Posen darstellen würde. So wie ein Hase auf einem kleinen Fahrrad oder dergleichen. Ich wollte einen kleinen Witz machen, doch Nadine lachte nicht. Sie sah mich bloß ernst an und beteuerte mir, dass sie so etwas nie tun würde. Die Tiere auf diese Art zu bearbeiten wäre, als missbrauchte man sie, als machte man sich über sie lustig und entweihte sie nach ihrem Tod. Die Tiere sollten so natürlich wie möglich aussehen, wie sie in der freien Natur zu finden sind, nur dann sei ein Präparat gut.

Es war wirklich nicht meine Absicht gewesen, sie oder die Tiere zu beleidigen, daher entschuldigte ich mich für den fehlgeschlagenen Witz und für einen kurzen Moment herrschte ein unangenehmes Schweigen. Irgendwie kam mir ihr Verhalten etwas unheimlich vor, obwohl ich es gleichzeitig sehr schätzte, dass ihr Würde wichtig war. Auch über den Tod hinaus.

Ich sah mich um, suchte nach etwas, das ich erwähnen könnte, um das Schweigen zu brechen, und wurde schnell fündig. Mir fiel auf, dass an jedem Ohr ein kleines Pappschildchen hing. Also fragte ich Nadine, was sie zu bedeuten hatten, und sofort lächelte sie wieder und zeigte es mir. Auf den Schildchen hatte sie Informationen über das jeweilige Exponat vermerkt. Art, Geschlecht, Größe, Gewicht, Augenfarbe, Fellfarbe, Datum des Todes und sogar einen Namen hatte sie sich für jedes Tier ausgedacht. Sie erklärte mir, dass so jedes einzelne besonders und besser in Erinnerung bliebe. Kein Tier sei gleich, der eine Hirsch ist anders als der andere und daher sammelt sie die Informationen und gibt den Tieren auch einen Namen. Ich spürte, dass diese Exponate eine Art Haustierersatz für sie waren, und da fiel mir auf, dass ich in ihrem Zuhause noch kein lebendes Tier gesehen hatte. Normalerweise erwartete ich im Haus eines Jägers einen Hund oder zumindest eine Katze. Als ich sie darauf ansprach, stand sie vom Bett auf, öffnete ihren Schrank einen kleinen Spalt, griff mit ihrer Hand hinein und holte den steifen Körper einer schwarzweißen Katze heraus. Sie erzählte mir, dass sie ihr einziges Haustier gewesen war. Marie hieß sie und war ihre beste Freundin nach dem Tod ihrer Eltern gewesen. Marie sei das Beste, was ihr passieren konnte, doch so schön Haustiere sind, soviel Freude sie einem schenkten, es herrschte immer die Angst, dass sie eines Tages sterben würden, dass sie einen eines Tages verließen und nie mehr zurückkämen.

Nadine hatte also wirklich eine riesige Angst verlassen zu werden. Wie schrecklich mochte es nur gewesen sein zu erfahren, dass beide Eltern tot waren ...

Sie legte Marie zurück in den Schrank, dann kuschelten wir uns ins Bett und redeten über andere Dinge. Es war wirklich schön, mit ihr hier zu liegen, auch wenn mich die ganzen Augen an den Wänden auf Dauer beunruhigten.

Als wir später so dalagen und für einige Momente nichts gesagt hatten, fragte ich sie, ob sie mir nicht einmal zeigen könnte, wie man Tiere ausstopft. Sie sah mich mit großen Augen und einem strahlenden Grinsen an, so als hätte ich ihr gerade einen riesigen Wunsch erfüllt. Sie willigte sofort ein und erzählte mir, dass sie im Keller bereits einen Hasen hatte, an dem sie arbeitete, ich könnte ihr dabei helfen, sie müsste nur eben aus dem Schuppen im Garten ein paar Sachen holen und dann könnten wir anfangen. Ich stimmte zu und sie machte sich sofort auf den Weg, ging die Treppe hinunter und ich hörte, wie sie die Haustür öffnete und hinter sich ins Schloss fallen ließ. Ich wusste nicht, was sie alles holen musste oder wie lange sie brauchen würde, doch ich hatte zumindest etwas Zeit, mich ungestört umzusehen. Ich spazierte durch ihr Zimmer, fasste ein paar der Köpfe vorsichtig an und stand dann vor dem Schrank, in dem sich Nadines Katze Marie befand. Ich öffnete die etwas schwerfälligen Türen und erblickte neben Marie einige ausgestopfte Vögel, eine Kiste mit Glasaugen und zwei geschlossene Holzboxen. Ich bückte mich und hob einen der Deckel an.

Sofort sah ich etwas, das aussah wie braunes Fell. Ich fragte mich, welches Tier das wohl war, ein Marder, eine Art Fuchs oder etwas in die Richtung vielleicht? In dem Moment, in dem ich das braune Etwas aus der Kiste hob, um es genauer zu betrachten, setzte mein Herz für ein bis zwei Schläge aus. Weit aufgerissene, nahezu panische Augen blickten mir entgegen und ein geöffneter Mund, der aussah, als würde ein Schrei entweichen wollen. Ich hielt keinen Marder in den Händen, sondern den leblosen Kopf eines jungen Mannes.

Aus Reflex ließ ich ihn fallen, er landete auf der Holzbox und bekam einen kleinen Riss in der Wange. Ich erkannte, dass die Haut des Schädels bereits porös war und nicht mehr elastisch. Dieser Kopf war ausgestopft worden. Ich wollte zunächst nicht glauben, was ich sah, es für einen Scherz halten, doch an seinem Ohr hing ein Pappschild mit Nadines Handschrift: „Name: Marvin, Geschlecht: männlich, Größe: 1.75, Gewicht: 72 Kilogramm, Augenfarbe: Grün, Fellfarbe: Braun, Datum des Todes: 1. Februar 2021".

Ich glaubte, mich auf der Stelle erbrechen zu müssen. Der 1. Februar 2021 war erst vor fünf Monaten gewesen, ich verstand nicht, was dies zu bedeuten hatte. Unruhig öffnete ich die zweite Box einen Spalt breit und sah erneut in ein vor Panik verzerrtes Gesicht eines jungen Mannes.

Die Namensschilder ließen keinen Zweifel zu, dass Nadine hierfür verantwortlich war. Und dann schoss mir ein furchtbarer Gedanke durch den Kopf: Was, wenn ich der Nächste war? Ihr nächstes Präparat? Was, wenn sie auch diese beiden Jungs über Datingportale kennengelernt und hierhergebracht hatte?

Ich musste handeln, solange sie noch draußen war. Ich stellte schnell alles wieder so hin, wie ich es vorgefunden hatte, und rannte die Treppe hinunter, ich brauchte Hilfe, ich war in Lebensgefahr, ich lief ins Wohnzimmer zu ihrem Großvater und fiel vor ihm weinend auf die Knie. Er war der Einzige, der mir jetzt noch helfen konnte. Bis ich die Polizei gerufen hätte und sie hier im Nirgendwo einträfe, wäre es für mich sicherlich schon zu spät. Die Angst übermannte mich, noch nie zuvor war ich mit dem Tod so direkt in Kontakt getreten. Es fühlte sich so an, als würden die Tierkadaver an den Wänden nun mit wütenden Blicken auf mich herabstarren. Am Boden kniend erklärte ich Nadines Großvater, wer ich bin, was ich hier machte, aber vor allem, was ich bei Nadine gefunden hatte und dass ich Hilfe brauchte. Ich erwartete, dass er mir nicht glauben, mich anschreien und aus dem Haus jagen würde, dass er vielleicht genauso ein Verrückter war und Nadines Hobby teilte. Doch gleichermaßen hoffte ich so sehr, dass er mich beschützen würde, dass er vielleicht eine Flinte hätte, dank derer wir vor Nadine sicher wären. Ihr Großvater allerdings sagte gar nichts.

Mit verweinten Augen blickte ich zu dem alten Mann hinauf und sah, dass sein so altes Gesicht, ganz frei von Falten, straff gespannt war.

Er starrte direkt nach vorne und verzog keine Miene.

Mit rasendem Herz beugte ich mich näher zu ihm.

Er war still. Regungslos. Leblos.

Meine letzte Rettung war nur die ausgestopfte Hülle eines alten Mannes, der mit niemals blinzelnden Augen, tot und doch irgendwie ewig unsterblich, zu der Haustür starrte, deren eiserne Klinke in diesem Moment heruntergedrückt wurde.

KINDERSPIEL

Seit 30 Tagen häuften sich die seltsamen Vorkommnisse in meinem Heimatland. Ich weiß noch, wie ich das erste Mal dieses Phänomen beobachtete.

Es war zunächst ein gewöhnlicher Sommertag im Juli. Ich war mit Johanna, einer guten Freundin, auf dem Weg in einen örtlichen Park, als wir an einem kleinen Spielplatz vorbeikamen, der zwar zu einem Wohngebiet gehörte, aber recht weit abseits vom nächsten Haus gelegen war. Normalerweise spielten hier nur sehr selten Kinder. Ich erinnere mich, dass ich im letzten Jahr mal ein Kind sah, das sich im Sandkasten oder auf der Rutsche die Zeit vertrieb. Doch die meiste Zeit, und in diesem Jahr ganz besonders, war dieser Ort verlassen.

Doch heute schien es anders zu sein. Als Johanna und ich uns dem Spielplatz näherten, hörten wir ein seltsam lautes Gelächter. Das mag erst einmal nicht ungewöhnlich für einen Spielplatz sein, doch dieses Gelächter war in zweierlei Hinsicht merkwürdig. Es klang nicht spaßerfüllt, sondern eher so, als würde die Person gezwungen sein zu lachen, fast so wie bei einer Person, die unaufhörlich gegen ihren Willen gekitzelt wird. Es klang nahezu schmerzverzerrt. Das Seltsamste aber war, dass es kein Kind war, das dermaßen lachte. Der Tonhöhe nach war es ein erwachsener Mann.

Johanna und ich näherten uns langsam dem Spielplatz und blickten beim Vorbeigehen durch den zwei Meter hohen grünen Gitterzaun auf das merkwürdige Schauspiel im Inneren.

Im Sandkasten saß ein circa 40-jähriger Mann. Er war recht schick gekleidet, mit einem hellblauen Hemd und einer anthrazitfarbenen Anzughose. Abgerundet wurde das Outfit mit einer gelockerten Krawatte und schwarzen Lederschuhen, von denen einer bereits vom Fuß gefallen war und am Rand der Sandkiste lag. Ja, jetzt war es eindeutig: Dieser Mann war der Ursprung des verstörenden Gelächters. Wir blieben kurz stehen und sahen mit ungläubigen Blicken zu, wie dieser erwachsene Mann mit verkrampft vorgebeugter Statur eine Sandburg baute und dabei immer wieder diese schmerzerfüllten Lachgeräusche von sich gab.

Da wir nicht wie Gaffer aussehen wollten, gingen wir langsam weiter. Doch aus dem Augenwinkel konnte ich sehen, dass er uns beobachtete. Instinktiv erwiderte ich den Blick, doch keine Sekunde später sah ich wieder starr nach vorne.

Hab ich mir das gerade eingebildet?

Das Gesicht des Mannes war völlig verzerrt. Seine Augen, sein Blick, seine Gestik. Alles an ihm wirkte verstörend. Doch das Schlimmste war, dass es so aussah, als hätte jemand auf sein schockiertes Gesicht ein übergroßes Grinsen genäht. Normalerweise lachen die Augen mit, insbesondere, wenn man in einem solchen Lachanfall steckt, doch in seinem Blick war kein Funken von Freude zu erkennen, nur Panik.

Kurz überlegte ich, ob das ein seltsames Spiel sein sollte, das er mit einem Kind spielte. Doch beim Vorbeigehen fiel mir keine weitere Person auf.

Er war allein.

Als wir nach Hause kamen, gingen Johanna und ich unserer Tagesplanung wie gewohnt nach, doch die seltsame Szene wollte mir nicht mehr aus dem Kopf gehen. Das Lachen des Mannes hallte in meinen Gedanken nach und immer wieder tauchte sein verstörender Gesichtsausdruck vor meinem inneren Auge auf.

Vielleicht hatte er eine Midlife-Crisis und wollte noch einmal wie früher als Kind im Sandkasten spielen und Spaß haben? Vielleicht war es ein Verrückter, der aus irgendeiner Psychiatrie ausgebrochen war? Egal wie lange ich überlegte, ich konnte mir keinen Reim darauf bilden, was es mit diesem Mann auf sich hatte.

Zu diesem Zeitpunkt konnte ich noch nicht ahnen, dass dies kein Einzelfall bleiben sollte. Innerhalb der letzten Tage häuften sich die Meldungen solcher Sichtungen im ganzen Land. Überall wurde davon berichtet, dass Erwachsene dabei beobachtet wurden, wie sie auf Spielplätzen, in

Springbrunnen, Wäldern, Gärten und auf Wiesen spielten und nahezu panisch kicherten und lachten.

Passanten und Familienangehörige fragten nach, was mit den Leuten los wäre, doch alles, was die Betroffenen antworteten, war, dass sie es nicht wüssten und sich die ganze Situation nicht erklären konnten. Sie fühlten eine Art Zwang, sich wie Kinder zu verhalten.

Die meisten Eltern waren natürlich nicht begeistert, wenn auf den Spielplätzen neben ihren Kindern nun auch anscheinend wahnsinnig gewordene Erwachsene spielten und umherrannten, doch immer wenn die Polizei gerufen wurde und die Beamten sie mitnahmen, dauerte es nie lange, bis diese an einem anderen Ort in ihre merkwürdigen Verhaltensmuster zurückkehrten.

Auch Ärzte, die gerufen wurden, um die Betroffenen zu untersuchen, konnten weder einen Auslöser noch eine Erklärung dafür finden, warum die Menschen anfingen, sich so seltsam zu verhalten. Einige hatten die Vermutung, dass es eine Geisteskrankheit sein könnte, die durch die Hitze der letzten Wochen ausgelöst wurde. Andere wiederum mutmaßten, dass es sogar eine ansteckende Erkrankung sein könnte oder ein Parasit, der sich im Gehirn ansiedelt. Diese Theorie wurde jedoch von offizieller Stelle schnell widerlegt.

Die Krankheit bekam in der Bevölkerung schon nach wenigen Tagen den Namen „Kindssucht" und Betroffene wurden als „Kindssüchtige" bezeichnet. Es war beunruhigend, dass eine mysteriöse Krankheit immer häufiger auftrat, und das scheinbar wahllos. Manchmal waren es junge Frauen, die sich seltsam verhielten. Manchmal Männer in ihren 50ern oder 60ern. Es sah so aus, als könnte jeder erkranken. Besonders schlimm wurde es für mich aber, als ich eines Tages nach der Literaturvorlesung zu meinen Eltern fuhr, die nur eine Stadt entfernt lebten.

Nach einem langen Tag in den nicht klimatisierten Seminarräumen meiner Universität trat ich genervt durch die

Haustür, wischte mir den Schweiß von der Stirn und warf meinen Rucksack in den Hausflur.

„Mama?“, rief ich in das Haus hinein. „Papa?“ Ich wollte wissen, ob meine Eltern schon von der Arbeit zurück waren, doch ich bekam keine Antwort.

Ich schaute im Wohnzimmer nach, die digitale Uhr des Fernsehers zeigte 16:33 an, vermutlich waren sie gerade noch auf dem Heimweg.

Ich entschloss mich, mir die Wartezeit in meinem alten Kinderzimmer zu vertreiben. Obwohl ich bereits vor drei Jahren ausgezogen war, ließen meine Eltern es bis heute unberührt. „Du sollst dich hier immer noch wie zu Hause fühlen, mein Sohn. Du bist jederzeit bei uns willkommen“, begründete meine Mutter die Entscheidung damals und zerschmetterte damit den Wunsch meines Vaters, das 20 qm große Zimmer in einen Fitnessraum zu verwandeln.

Als ich die knarzende Treppe hinaufstieg, hörte ich plötzlich ein merkwürdiges Kichern. Ich blieb auf der Hälfte der Treppe stehen und lauschte. Schon nach kurzer Zeit hörte ich es erneut, es klang so, als wollte jemand sein Lachen unterdrücken und brachte nur ein verzerrtes Kichern heraus. Ich blickte die Treppe hinauf und erkannte, dass das Geräusch aus meinem alten Zimmer kam.

Vorsichtig stieg ich die restlichen Treppenstufen hinauf, öffnete langsam die nur angelehnte Tür und sah in den schummrig beleuchteten Raum hinein. Auf dem Boden verteilt lagen meine alten Rennautos und Spielfiguren, Regale und Schubladen waren durchwühlt und die Wände mit bunten Stiften beschmiert.

Nur schwach konnte ich kritzelige Zeichnungen erkennen, die eindeutig von einem Kind stammen mussten. Schnell bemerkte ich dann auch die große ausgebeulte menschliche Form, die sich hinter dem orangefarbenen Vorhang versteckte, der sich leicht auf und ab bewegte. Das Kichern musste von dort kommen!

Ich ging langsam auf das Fenster zu. Mit einem Ruck zog ich den Vorhang beiseite und erschrak, als mein Vater mit panisch lächelndem Blick auf mich zusprang, laut „BUH!“ schrie und dann laut lachend vor mir davonlief.

Das war vor zwei Wochen. Es gab keinen Zweifel, dass mein Vater ein Kindssüchtiger geworden war.

Es war aber nicht so, als verhielte er sich durchgehend wie ein Kind, es waren Phasen, die manchmal ein paar Minuten dauerten, manchmal aber auch Stunden. Besonders auffällig hierbei war, dass diese exzessiven Episoden insbesondere dann auftraten, wenn es eine Art Trigger gab, der sie auslöste. Sei es nun ein Spielzeug, ein Spielplatz oder auch einfach nur, wenn ihm langweilig war. Es wirkte immer so, als käme von der einen auf die andere Sekunde das Kind in ihm heraus, und er bemerkte es stets erst, wenn es schon losging.

Mittlerweile konnte ich es schon einige Male beobachten, er saß auf dem Sofa und auf einmal bekam er diesen Ausdruck von purem Terror im Gesicht, bevor sich plötzlich seine Mundwinkel stark anzogen und das unnatürliche Grinsen seine Züge zierte. Immer wieder fragten wir ihn, ob er es erklären könnte, wüsste, was los war, doch genau wie alle anderen Betroffenen verneinte er das. Dabei wendete er meist den Blick von uns ab, so als würde er sich vor uns schämen, dass auch er von dieser Sucht befallen war.

Für meine Mutter war es besonders schlimm, mehrfach am Tag weinte sie bitterlich und überprüfte die Nachrichten, ob es Neuigkeiten über ein Heilmittel gab. Auch mich ließ die Sache natürlich nicht kalt, ich hatte ebenfalls Angst. Angst um meinen Vater, um meine Familie und um mich.

Und an Tagen wie vorgestern war es besonders schlimm, so schlimm, dass ich, als mein Vater wieder anfing, wie besessen mit Buntstiften zu malen, das Haus verlassen musste. Ich musste den Kopf freibekommen und fuhr nach Hause. Doch auch dort konnte ich nicht wirklich abschalten, also beschloss ich, spazieren zu gehen. Die Gedanken kreisten und vernebelten meinen Kopf, wie Gewitterwolken den Himmel an regnerischen Tagen verdunkeln. Es war wie eine düstere Spirale, die mich immer tiefer in Zweifel und Angst versinken ließ. Ich ging wie im Autopilot durch die Straßen, alt bekannte Wege lief ich entlang, ich achtete auf nichts, so sehr war ich meinen Gedanken verfallen, doch dann wurde ich von einem auf den anderen Moment zurück in die Realität befördert, als ein mir bekanntes Geräusch ertönte.

Es war das krankhafte Gelächter eines Kindssüchtigen, dem ich eigentlich entkommen wollte, doch nicht nur das, es war das gleiche Lachen, mit dem alles für mich angefangen hatte.

Unbewusst war ich auf meiner Tour zu dem Spielplatz gegangen, an dem ich mit Johanna vorbeigelaufen war, und genau wie an jenem Tag sah ich denselben Mann. Er trug zwar andere Kleidung, doch ansonsten war die Szenerie vollkommen identisch. Er saß manisch lachend allein im Sandkasten und baute Burgen.

Erst als ich näher hinsah, fiel mir auf, dass er doch keine Burgen baute. Nein, es sah so aus, als buddelte er einfach ein riesiges Loch und schaufelte den Sand wahllos auf verschiedene Haufen um sich herum. Und es gab noch einen Unterschied: Sein Gesicht wirkte nicht so ängstlich wie das letzte Mal, es sah viel eher traurig aus. Ich konnte hören, dass sein Gelächter mit Schluchzen und Schniefen verbunden war, es gab keinen Zweifel, dass dieser Mann bitterlich weinte, während die Krankheit vollkommene Kontrolle über ihn hatte.

Ich überlegte für einen Moment, ob ich einfach weitergehen sollte, der Anblick eines Kindssüchtigen war mir nun schon einige Male untergekommen, es gab mindestens vier Erkrankte in meiner Heimatstadt, außerdem hatte ich meinen eigenen Vater schon mehr als einmal in diesem Zustand gesehen. Doch seine Trauer interessierte mich, also ging ich auf den Spielplatz und näherte mich vorsichtig der Sandkiste.

Mit einem leisen „Ist alles in Ordnung?“ versuchte ich, mich bemerkbar zu machen, obwohl ich wusste, dass diese Frage mehr als dämlich war. Es war genauso, als würde ich in einer Psychiatrie einen Patienten fragen, ob er gesund sei, doch diese Floskel war das Einzige, das mir einfiel.

Der Mann sah mich an und schrie: „ES TUT MIR LEID!“ Sein Gesicht war verquollen, die Augen gerötet und feuchte, von Tränen gezogene Linien waren auf seinen Wangen zu erkennen. Mit diesen klaren Anzeichen der Trauer wirkte das aufgezwungene Grinsen und Lachen in seinem Gesicht noch verstörender.

Nachdem er mich angeschrien hatte, wich ich für einen Moment zurück und sah zu, wie der Mann erneut anfing zu graben und dabei immer wieder schrie, dass es ihm leidtäte.

Ich trat langsam näher zu ihm. Ob es die Neugierde war zu erfahren, was los war, die mich dazu trieb, weiß ich heute nicht mehr. Vielleicht wollte ich ihn auch einfach trösten und empfand Mitleid für diesen leidenden Herren. Jedenfalls setzte ich mich neben ihn auf den hölzernen Rand der Sandkiste. Das Loch, welches er mit bloßen Händen gegraben hatte, war schon so tief, dass er bis zu den Schultern im Sand hing, um am Boden weitergraben zu können. Auch waren an seinen Fingerkuppen die Folgen seiner Bemühungen erkennbar. Sie waren bereits blutig und er hatte definitiv Schmerzen, doch sein Weinen schien nicht darin begründet zu sein. Immer wieder sagte er Dinge wie „Es tut mir leid“ oder „Verzeih mir“. Kontextlose Sätze, die keinen Sinn für mich ergaben, doch ich sollte sie schneller verstehen, als mir lieb war. Denn nachdem ich noch eine ganze Zeit lang bei ihm gesessen und zugesehen hatte, wie er grub, vernahm ich das knisternde Geräusch eines Plastikbeutels. Ich sah, wie der Mann, nahezu besessen, versuchte, eine Tüte aus dem Sandloch zu zerren. Dann, endlich, schaffte er es: Mit einem Ruck zog er einen schwarzen, durch die Zerrerei an einigen Stellen etwas eingerissenen Plastikbeutel aus dem Boden und warf ihn vor meine Füße, bevor er weinend in sich zusammenfiel.

Alles ging so schnell. Bevor ich überhaupt richtig begriffen hatte, was passiert war, roch ich bereits den faulig süßen Gestank von Verwesung, der dem Beutel entströmte. Dann sah ich, dass durch die kleinen Risse eine bräunliche Flüssigkeit austrat. Als ich zögerlich den Plastikbeutel öffnete und hineinsah, begann sich alles um mich herum zu drehen. Mein Herz raste. Im Inneren lag der verwesende Leichnam eines kleinen Kindes.

Ich sprang auf und wählte die Nummer der Polizei, doch der weinende Mann leistete keinen Widerstand. Ich wartete in der Nähe, bis die Beamten kamen und den Mann mitnahmen. Mir fiel auf, dass der Mann sich nicht länger wie ein Kind verhielt, obwohl er sich auf einem Spielplatz befand, sobald ich den Leichnam des Kindes erblickt hatte. Es wirkte fast so, als wäre die Kindssucht verschwunden. Der Mann, obwohl er abgeführt wurde und ihm eine lange Haftstrafe drohte, wirkte erleichtert.

Später am Abend erfuhr ich über die Nachrichten, dass der Mörder eines verschwundenen Jungen gefasst worden war. Sie erwähnten auch, dass er an Kindssucht gelitten hatte, jedoch seit der Aufklärung der Tat geheilt war. Seitdem gab es stündlich Meldungen, dass ein Kindssüchtiger nach dem anderen gestand, einst ein Kind, entweder ein fremdes oder auch das eigene, ermordet zu haben, ohne dafür je belangt worden zu sein.

Sie alle gestanden aus demselben Grund: Weil sie sich so von ihrer Sucht befreien konnten. Sie wurden erlöst von der Krankheit, die sie plagte.

Da man sich nun sicher sein konnte, was der Auslöser der Kindssucht war, wurden vorsorglich auch all jene Betroffenen in Untersuchungshaft genommen, die kein Geständnis abgelegt haben. Leider gehört auch mein Vater dazu, der bislang in Befragungen beharrlich schweigt. Zumindest, wenn er nicht gerade hysterisch lacht und wie ein Kind durch den Raum läuft.

Bisher ist es zu früh für eine wissenschaftliche Erklärung des Phänomens. Doch eine Theorie verbreitet sich im Internet derzeit wie ein Lauffeuer. Es heißt, dass die ruhelosen Seelen der verschollenen und ermordeten Kinder ihre Peiniger besetzen konnten und krampfhaft versuchen, die Kindheit nachzuholen, die ihnen auf grausame Art verwehrt geblieben ist.

FEUERWACHE

Mich hat es nie sonderlich lang in einem Job gehalten. Nach der Schule, die sich für mich wie eine endlose Tortur von immer dem gleichen Trott anfühlte, begann ich zu kellnern, da ich noch keine Ahnung hatte, was ich später beruflich machen wollte. Als das Kellnern mir keinen Spaß mehr machte, arbeitete ich für ein paar Monate als Barkeeper und danach verdiente ich etwas Geld als Hausmeister in meiner ehemaligen Schule. Doch all diese Beschäftigungen langweilten mich letzten Endes, keine war interessant genug, um mich länger bei Laune zu halten. Dann stieß ich auf einen Nachrichtenartikel: „Park Ranger gesucht. Keine Berufserfahrung erforderlich."

Nahe meiner Heimatstadt gab es einen Nationalpark, ein riesiges bewaldetes Areal, das wirklich wunderschön war und das ich viel zu selten besuchte. Ich weiß noch, dass ich als Kind, ob mit meinen Eltern oder meiner Schulklasse, häufiger dort war. Es gab viele Wanderwege und genau abgesteckte Zeltplätze, außerdem gab es zwischendurch immer wieder Bereiche, die bestens für Pausen geeignet waren. Doch im Laufe der Zeit wurde sich immer schlechter um diesen Park gekümmert. Viele schöne Routen wurden von Schlingpflanzen und Dornenbüschen überwuchert, die Zeltplätze verwilderten und immer weniger Gruppen gingen noch durch diesen eigentlich so malerischen Ort. Meine Mutter meinte mal zu meinem Vater, dass es wohl daran lag, dass die Park Ranger, die in den großen Feuerwachtürmen lebten, andauernd wechselten oder sie gar nicht erst genug Angestellte fanden.

Bei einem unserer Schulausflüge hatten wir gelernt, dass in jedem abgesteckten Bereich des Parks ein Feuerwachturm steht. Der darin lebende Ranger ist zuständig für die Pflege der Wege und dafür, dass sich alle Besucher an die Regeln halten, also niemand abseits der vorgesehenen Flächen zeltet oder Feuer macht. Außerdem ist er da, wenn sich jemand verläuft und gerettet werden muss. Aber wenn so ein Turm leer steht, dann werden all diese Aufgaben nicht wahrgenommen.

Während ich so an diesen Ort dachte und mich erinnerte, wie schön er eigentlich war, entschied ich mich, dem ganzen mal eine Chance zu geben. Ich war schon seit Jahren nicht mehr dort gewesen, aber ich verband mit dem Park nur positive Erinnerungen. In der Anzeige stand nicht viel, nur dass man für mindestens sechs Monate als Ranger arbeiten muss, ohne Urlaub, und in der Zeit auf dem Wachturm lebt. Dafür hat man in der Zeit keine Mietkosten, für Verpflegung wird gesorgt, Wäsche wird gewaschen und das Einkommen ist deutlich höher als alles, was ich in meinen vorherigen Jobs verdient hatte. Ich holte mein Telefon und wählte die Nummer aus der Anzeige.

Nach kurzer Wartezeit meldete sich ein Mann mit kratziger Stimme: „Todd Burken." Nervös stellte ich mich vor und sagte, dass ich den Beitrag in der Zeitung gesehen hatte. Eigentlich wollte ich erst einmal herausfinden, ob das Ganze überhaupt etwas für mich war. Doch Todd Burken, der sich als Leiter des Tourismuszentrums des Nationalparks herausstellte, dachte wohl, dass ich mich schon fest beworben hatte. Er sagte direkt, dass er sich freue, dass ich diesen Job machen wolle. Bevor ich das Missverständnis aufklären konnte, begann er bereits, mir alles zu erklären. Er sagte, ich könne sofort anfangen, da der Wachturm, der mir zugeteilt werden würde, bereits seit längerer Zeit leer stünde und sie dringend jemanden bräuchten, der sich um den Bereich kümmere. Er informierte mich offen darüber, dass der Bereich, für den ich zuständig wäre, in einem recht schlechten Zustand ist, doch er wollte mir keinen Stress machen. Laut seiner Aussage hätte ich mehr als genug Zeit, alles auf Vordermann zu bringen. Ich überlegte kurz, ob ich ihm doch noch einmal erklären sollte, dass ich mich gar nicht beworben hatte, doch was hatte ich schon zu verlieren? Meinen anderen Job hatte ich bereits vor ein paar Wochen gekündigt und meine Ersparnisse waren nicht gerade reichlich. Und so kramte ich, während ich seinen Worten lauschte, schnell ein Stück Papier und einen Stift aus einer

Schublade und fing an, mir die wichtigsten Informationen aufzuschreiben.

Burken erklärte mir, dass meine Hauptaufgabe darin bestand, einfach nur im Turm zu sitzen und Ausschau zu halten, dass abseits speziell ausgewiesener Plätze kein Feuer gemacht wird. Die letzten Wochen waren sehr trocken gewesen und auch ein kleines Lagerfeuer könnte sich schnell zu einem flächendeckenden Waldbrand entwickeln. Deswegen sei es auch so wichtig, dass der Turm besetzt wird. Ich fragte ihn, wie es sein kann, dass sie schon länger niemanden gefunden haben und warum mein Vorgänger gegangen ist, doch er antwortete nur, dass es einen Mangel an Freiwilligen gäbe. Keine klare Antwort, aber mir sollte es recht sein, so käme ich immerhin einfach an einen interessant klingenden Job.

Er meinte, dass ich bereits in zwei Tagen einziehen könnte, er aber noch heute zu einer wichtigen Tagung müsse und für knapp zwei Wochen nicht vor Ort sei. Den Schlüssel zum Feuerwachturm würde er mir in einem Umschlag auf seinen Tisch im Tourismuszentrum legen, zusammen mit einer genauen Beschreibung, wie ich zu meinem Turm komme.

Mir war etwas unwohl, da es so klang, als müsste ich mich sofort allein um alles kümmern, doch Burken ahnte diesen Gedanken vermutlich schon, denn er unterbrach sich selbst, um mir zu sagen, dass ich auch einen Kollegen habe, an den ich mich wenden könne. Da es in meinem Wachturm ein Radio gäbe, könnte ich meinen Kollegen jederzeit anfunken und um Hilfe bitten.

Wir telefonierten noch eine ganze Zeit miteinander, bestimmt eine Stunde lang, und am Ende war die Sache klar. Er bedankte sich noch einmal bei mir und verabschiedete sich mit einem Satz, den ich etwas komisch fand. Die ganze Zeit über klang er sehr glücklich und war gut gelaunt, doch kurz bevor er auflegte, sagte er mit ernstem Ton „Und denk dran, halt die Augen offen. Sie sind dein nützlichstes Werkzeug für diesen Job.“

Sicherlich war es merkwürdig, ich hatte noch nie so schnell und unkompliziert einen Job bekommen, aber ich wollte mich nicht beschweren. Für jemanden, der aktiv nach Arbeit und Aufregung sucht, war dies ein Geschenk des Himmels.

Am nächsten Tag packte ich eine große Tasche mit allem, was ich so gebrauchen könnte. Ich erzählte meinen Eltern von meinem Vorhaben und sie waren sehr skeptisch, ob ich das wirklich sechs Monate lang durchziehen würde. Eigentlich ein Armutszeugnis, wenn die eigenen Eltern weniger an der Legitimität des Jobs als an deinem Durchhaltevermögen zweifeln.

Und dann war mein erster Arbeitstag auch schon gekommen. Mein Vater fuhr mich zum Tourismuszentrum, das ungefähr eine Stunde von meinem Heimatort entfernt lag. Nach einer kurzen Verabschiedung betrat ich die rustikal gebaute Holzhütte. Die Tür knarrte beim Öffnen, als wäre sie seit Jahrzehnten nicht geölt worden, was vermutlich auch stimmte. Im Inneren hingen einige Plakate mit Informationen zur Brandsicherheit, Verhaltensregeln im Park und was man zu tun hat, wenn man sich verläuft.

Leider schien dieses Gebäude verlassen zu sein, so wie ich es bereits erwartet hatte. Also sah ich mich etwas nervös um, bis ich vor der hölzernen Bürotür der Zentralleitung stand. Obwohl ich bereits wusste, dass er nicht zugegen war, klopfte ich trotzdem an seine Tür und wartete ein paar Sekunden. Ich wollte nicht einfach in das Büro meines Chefs platzen und direkt am ersten Tag einen schlechten Eindruck hinterlassen. Schließlich bestand immer noch die Möglichkeit, dass sein Termin abgesagt worden und er doch vor Ort war.

Als kein kratziges „Herein“ ertönte, lag es an mir einzutreten. Auf dem Schreibtisch lagen zahllos viele Unterlagen verstreut. An den Wänden hingen irgendwelche Urkunden, die den Leiter auszeichneten, und Karten des Parks. Und dann, neben dem Telefon, lag ein kleiner Umschlag mit meinem Namen drauf. Ich nahm ihn und holte ein kleines Stück Papier und einen alten metallischen Schlüssel heraus. Neugierig las ich, was Burken geschrieben hatte. Doch statt weiterer Einweisungen war es nur eine kurze Willkommensbotschaft und eine vage Beschreibung, wie ich zu meinem Turm komme. In nahezu unleserlicher Schrift standen dort Dinge wie „Du bist in Quadrant E eingeteilt!", „Nach 200 Metern den Pfad zu deiner Rechten gehen" oder „Irgendwann nach einer Brücke solltest du so einen Trampelpfad sehen, der bringt dich schneller dorthin". Eine Karte wäre praktischer gewesen, aber was blieb mir schon anderes übrig. In meinem Rucksack verstaute ich den Umschlag mit dem Schlüssel und machte mich auf den Weg zu meinem neuen Zuhause auf Zeit.

Doch dies war einfacher gesagt als getan. Es dauerte fast zwei Stunden, bis ich endlich den großen hölzernen Turm über den Spitzen der Nadelbäume erblicken konnte.

Ziemlich ausgelaugt machte ich mich auf den direkten Weg dorthin. Zu meiner Überraschung waren die sandigen Wege, die ich entlangspazierte, gar nicht so verwildert, wie es nach Burks Aussagen zu erwarten war. Hier und da waren ein paar Dornenbüsche nah an den Wegen oder das Gras wuchs etwas auf dem Pfad, aber alles in allem war es nicht so tragisch. Als ich dies sah, freute ich mich natürlich, da es bedeutete, dass ich weniger zu tun hatte als erwartet.

Und dann, nach ein paar weiteren Minuten, die ich etwas bergauf lief, erreichte ich endlich den hohen Wachturm, den ich von nun an mein Zuhause nennen konnte.

Bevor ich die hölzerne Treppe, die etwas in die Jahre gekommen war, hinaufstieg, warf ich noch einen Blick in den Vorratsraum, der sich am unteren Ende des Turmes befand. Es war ein kleiner Verschlag, die Tür stand offen. Als ich in den dunklen Raum blickte, bemerkte ich, dass er nicht vollkommen gefüllt war, aber für ein paar Wochen sollten die Vorräte wohl reichen. Ich schloss die Tür und begab mich die vielen Stufen hinauf. Manche waren schon etwas morsch, aber sie hielten mein Gewicht, auch wenn es manchmal verdächtig knackte.

Und dann sah ich endlich mein Zimmer. Auf dem hölzernen Gestell war ein circa sieben mal sieben Meter großer Wohnklotz angebracht. Alles war aus dunklen Holzplanken gefertigt und rundherum waren Fensterscheiben eingelassen, damit man zu jeder Zeit den zugeteilten Waldbereich in Gänze überblicken konnte. Rund um diesen hölzernen Raum herum war ein ungefähr ein Meter breiter Ring mit einem Geländer befestigt. Neugierig ging ich zur Tür, doch noch bevor ich den Schlüssel aus meinem Rucksack hervorholen konnte, bemerkte ich, dass dieser nicht gebraucht wurde. Denn die alte Holztür, die im oberen Bereich ein zerbrochenes Fenster hatte, war nur angelehnt und bewegte sich im schwülwarmen Wind sanft hin und her. Langsam schob ich die Tür auf und trat zum ersten Mal in den Raum, in dem ich die kommenden Monate verbringen würde.

Zu sehen war ein Bett mit zerwühltem Bettzeug, ein Tisch, auf dem einige Papiere verteilt waren, eine Lampe auf einem Regal und das besagte Radio, das mir den Kontakt zu meinen Kollegen ermöglichen sollte.

Alles in allem war der Raum etwas unordentlich, Staub sammelte sich auf den Fensterbänken, Sand, Blätter und anderer Unrat lagen hier und da auf dem Boden und sogar Besitztümer meines Vorgängers, ein paar Klamotten, Wanderschuhe, Besteck und Hygieneartikel, waren zurückgelassen worden. Vermutlich hatte er keine Verwendung mehr dafür gehabt, als er kündigte. Ich fand es etwas seltsam, dass man vor meiner erwarteten Ankunft nicht mal klar Schiff gemacht hatte, doch irgendwie war ich trotzdem auch erleichtert. Ich hatte mit einem völlig verwahrlosten Turm gerechnet, mit zersprungenen Fenstern, löchrigem Holz und Staub, der kniehoch im Raum stand. Das, was ich nun vorfand, war schnell zu beseitigen.

Ich legte meine Habseligkeiten zur Seite und richtete meinen Blick durch die von den Jahren leicht blind gewordenen Scheiben. Die Sonne schien mir über die Baumkronen hinweg direkt ins Gesicht. Ein atemberaubender Ausblick, den ich von nun an jeden Tag genießen konnte. Tatsächlich war ich voller Vorfreude auf die Zeit hier.

Neugierig sah ich mich etwas genauer in meinem neuen Zuhause um. Ich ging zu dem Tisch, der in der Mitte des Raumes stand. Er war aus Holz, groß und massiv, und passte farblich perfekt zum Rest der Kabine. Man könnte beinahe meinen, dass alles aus dem gleichen Baum gefertigt worden war. Darauf waren Karten, die einen Teil des Nationalparks zeigten, wüst durcheinander ausgebreitet. Sie waren mit unterschiedlichen Zeichnungen markiert und kleineren Texthinweisen versehen. Manche Stellen waren eingekreist, andere durchgekreuzt und mit Hinweisen wie „Warnung!" oder „Vorsicht!" versehen. Außerdem las ich immer wieder das Wort „Hier", wobei ich kein Muster erkennen konnte. Ich vermutete, dass es sich um die Arbeit meines Vorgängers handelte. Vielleicht hatte er gefährliche Wege, Sichtungen von Bären oder geheime Feuerplätze markiert, um sich besser zurechtzufinden.

Ich hatte von Kartografie und der Gegend nicht wirklich eine Ahnung, doch ich verstand grob, was zu sehen war. Es waren fünf große Quadranten des Parks abgebildet, in unterschiedlichen Maßstäben. Wie ein Kind, das einen Atlas öffnet, suchte ich natürlich zunächst meinen eigenen. Da mir zuvor gesagt wurde, dass Quadrant E mein Zuständigkeitsbereich war, fiel es mir leicht, ihn zu finden. Er war am Rand der Karte gelegen und auch hier waren einige Stellen mit Kreuzen, Markern und Kreisen versehen, wenn auch deutlich weniger als bei anderen Quadranten. Ich würde wohl noch genug Zeit haben herauszufinden, was diese zu bedeuten hatten.

Als Nächstes untersuchte ich das Radio, das direkt an einer der Fensterfronten stand. Ich hatte, bevor ich meinen Dienst antrat, ein wenig recherchiert und wusste daher grob, wie es funktionierte. Eine Einweisung wäre zwar nett gewesen, aber anscheinend nicht zu erwarten.

Neugierig drückte ich ein paar Knöpfe, um den nächstgelegenen Turm zu kontaktieren. Ich wusste, dass die alten

Radios häufig keine allzu große Reichweite hatten, also hieß es, dass der Nachbarturm meine primäre Anlaufstelle wäre, wenn es Probleme gäbe. Doch nicht nur wir Wächter konnten mithilfe des Radios miteinander kommunizieren, auch Hilferufe von Wanderern, die sich verlaufen hatten oder sonstige Hilfe brauchten, würden bei mir eingehen, solange sie auf ihren Walkie-Talkies – es war bekannt, dass Handys hier kaum Empfang hatten – meine Frequenz einstellten. Das Radio musste daher unbedingt rund um die Uhr eingeschaltet sein.

Nach einigem Probieren schaffte ich es, eine Verbindung herzustellen, zumindest soweit ich das beurteilen konnte. Ich sprach ein freundliches „Hallo!“ in mein Mikrofon, das neben dem Radio stationiert war, und wartete ungeduldig auf eine Antwort. Einige Momente verstrichen, doch abseits des Rauschens kam durch die alten Boxen nichts bei mir an. „Hallo?“, wiederholte ich, doch erneut ohne Antwort.

Vermutlich war mein Kollege gerade unterwegs und würde sich bei Gelegenheit melden, oder ich versuchte es später einfach noch einmal. Ich versuchte, ruhig zu bleiben, doch ein wenig verunsicherte es mich schon. Die Vorstellung, ich könnte ohne Ansprechpartner meine erste Nacht ganz alleine hier verbringen, war unangenehm, doch ich wusste, was meine Aufgabe war. Ausschau halten, ob irgendwo Rauch aufstiege oder Feuer zu sehen wäre, und das Radio eingeschaltet lassen, um Hilferufe oder Anweisungen zu empfangen. Lediglich tagsüber müsste ich drei Touren durch meinen Quadranten machen, um sicherzustellen, dass niemand in eine Notsituation geraten ist, ohne auf sich aufmerksam machen zu können. Eine Aufgabe, die zumindest auf dem Papier einfach klang. Also blieb ich relativ entspannt.

Die restlichen Stunden, bevor es dunkel wurde, verbrachte ich in meinem Turm. Mit einem miserabel schmeckenden Kaffee in der Hand, den ich mit einer alten Kaffeemaschine und den Überresten einer herumstehenden Packung

Instantpulver aufgebrüht hatte, blickte ich für einige Zeit einfach nur über den Wald.

Während ich zusah, wie der Wind durch die Baumwipfel zog, Vögel über den kaum bewölkten Himmel glitten und die Sonne langsam ihren Dienst quittierte und Platz für den Mond machte, vergaß ich vollkommen, dass ich eigentlich noch eine Tour durch meinen Quadranten hätte machen sollen.

Erst als die Dunkelheit der Nacht sich über dem Park breitmachte, fiel mir mein Fehler auf. Mit einem Schulterzucken tat ich die Angelegenheit ab und hoffte einfach, dass derzeit niemand in Probleme geraten war. So viel Pech war wirklich unwahrscheinlich, es würde sicher ausreichen, erst am nächsten Tag nach dem Rechten zu sehen.

Ich hoffte auf eine ereignislose erste Nacht, doch meine Hoffnung wurde schnell begraben, als ich in einiger Entfernung ein Leuchten durch die Baumkronen erkennen konnte. Deutlich sichtbar flackerte mitten im Wald ein Feuer. Aufgrund der Waldbrandgefahr waren Feuer abseits klar markierter Flächen, die unter stetiger Beobachtung von geschultem Personal standen, strengstens verboten.

Genervt schnappte ich mir meine Taschenlampe, setzte die Kappe der Parkranger auf, die ich auf dem Tisch fand und ging in Richtung des Flackerns.

Zugegeben, den Wald bei Nacht zu betreten machte mich ziemlich nervös. Hinter jedem Busch könnte theoretisch eine wütende Bärenmutter und ihre Jungtiere oder ein Puma stecken, der nur darauf wartete, Beute zu reißen. Es half außerdem nicht, dass ich bei jedem undefinierbaren Ruf eines Tieres in der Ferne einen kleinen Herzinfarkt bekam.

Zwar liebte ich die Natur und die Parks, aber ich war nicht sonderlich bewandert, was die Flora und Fauna dieses Ortes anging. Ich wusste, welche Geräusche von Vögeln kamen, doch manchmal hörte ich Schreie, bei denen mir kein passendes Tier einfiel, das sie ausgestoßen haben könnte.

Doch nicht nur wilde Tiere bereiteten mir Sorgen. Die

meiste Zeit dachte ich eher darüber nach, was ich sagen sollte, wenn ich gleich auf die Wanderer träfe, die für das Feuer verantwortlich waren. Meine Hoffnung lag darin, dass es vielleicht ein junges Pärchen war, das einen romantischen Abend unter den Sternen verbringen wollte. Denen könnte ich einfach sagen, dass es verboten war und sie bitte auch nur an ausgeschriebenen Zeltplätzen schlafen sollten. Aber wenn statt einem Pärchen eine Gruppe Jugendlicher oder betrunkener Erwachsener da ihr Unwesen trieb, wüsste ich nicht, wie ich sie vertreiben sollte. Weder war ich sonderlich alt, noch wirkte ich autoritär. Sollten die Verantwortlichen mich nicht ernst nehmen, könnte ich ein ziemliches Problem bekommen.

Ungeachtet dessen ging ich weiter auf das Leuchten zu, das allerdings so wirkte, als hätte es an Intensität verloren. Und dann sah ich sie, eine kleine Lichtung zwischen einigen immens großen Kiefern. Inmitten dieser Lichtung stand ein relativ großes, olivgrünes Zelt. Davor war inmitten eines Steinkreises ein mittlerweile nur noch schwach brennendes Feuer zu sehen. Die Flamme war bereits beinahe erstickt, doch auch der Haufen rot glühender Asche stellte ein Brandrisiko dar.

Es war sehr ruhig, ich hörte keine Stimmen aus dem Zelt kommen, daher vermutete ich, dass die Verantwortlichen bereits tief und fest schliefen. Dies war natürlich unverantwortlich und so ging ich langsam an das Zelt heran und sagte, mit einer künstlich tief gestellten Stimme, um etwas autoritär zu wirken: „Ein Feuer hier zu machen ist nicht erlaubt! Bitte kommen Sie aus dem Zelt und löschen Sie die Flammen!“

Ich kam mir so dämlich vor mit dieser verstellten Stimme. Daran musste ich eindeutig noch arbeiten. Doch auf meine Worte kam keine Reaktion. Ich wiederholte, jetzt etwas direkter: „Kommt aus dem Zelt und macht das Feuer aus!“

Doch weiterhin geschah nichts. Ich war laut genug gewesen, um jemanden zu wecken, daher warf ich einen Blick durch den halb geöffneten Reißverschluss ins Innere des Zeltes. Es war leer.

Die Sache wurde immer verantwortungsloser. Anscheinend hatten hier Leute ein Feuer entzündet und sind dann spazieren gegangen.

Mit den Händen schaufelte ich so lange Dreck zusammen und warf es über die verbliebene Glut, bis irgendwann die kleine Flamme erstickt war und kein Glühen der Asche mehr hervortrat. Anschließend sah ich mir den Zeltplatz genauer an.

Es verwunderte mich, dass man um diese Uhrzeit und bei den Lichtverhältnissen noch umherwanderte, außerdem hatte ich nirgendwo das weiße Leuchten einer Taschenlampe gesehen. Ein mulmiges Gefühl machte sich in mir breit, während mein Kopf Dutzende Szenarien durchspielte, was hier passiert sein könnte. Die Situation überforderte mich.

Einfach warten, bis die Verantwortlichen zurückkehrten, und in der Zwischenzeit eventuelle Hilferufe über mein Radio verpassen? Zurück zum Turm gehen und hoffen, dass die Feuerteufel keine neue Flamme entzündeten? Oder direkt meinen Kollegen um Hilfe bitten?

Einige Minuten wartete ich noch unschlüssig, dann bemerkte ich etwas Merkwürdiges: Als ich mit der Taschenlampe umherleuchtete, funkelte mir etwas aus einem Busch direkt neben dem Zelt entgegen.

Vorsichtig zog ich aus dem Geäst des Dornbusches einen braunen Rucksack mit metallischen Schnallen.

Normalerweise würde ich die privaten Habseligkeiten anderer Leute nicht durchsuchen, doch dieser Rucksack war offen, und mit offen meine ich, dass er völlig zerstört war.

Ein riesiger Riss ging quer über die Vorderseite. Als wäre eine Machete hindurchgeschlagen worden, quoll der Inhalt, der aus einem zerrissenen T-Shirt, einer Unterhose, einem Walkie-Talkie und einigen Süßigkeiten bestand, heraus. Ein Tragegurt des Rucksacks war an einer Seite abgerissen und hing herunter.

Das Beunruhigendste allerdings waren die roten Spritzer, die ich auf dem Rucksack entdecken konnte. Ohne Frage war dies Blut. Es hatte immer noch einen feuchten Schimmer, aber wirklich frisch sah es auch nicht mehr aus.

In mir machte sich Furcht breit. Alleine mitten in einem dunklen Wald zu stehen, als einzige Lichtquelle eine Taschenlampe in den Händen zu halten und Überreste eines Kampfes zu sehen, machte mir unfassbare Angst. Falls die Camper von einem wilden Tier angegriffen worden waren, würde ich hier nicht warten wollen, um das nächste Opfer zu werden. Und sollte irgendwer in diesem Wald Amok laufen, dann würde ich sicherlich nicht den Helden spielen und mich auf die Suche machen!

Ich schulterte den Rucksack, so gut es ging, und machte mich zurück auf den Weg zu meinem Turm. Als ich endlich angekommen war, stapfte ich die knarzende Holztreppe hinauf, während meine Gedanken weiterhin um die Fundsachen kreisten. Da ich keine weiteren Überreste oder zusätzliche Kampfspuren finden konnte und die Blutspritzer nicht allzu zahlreich waren, hoffte ich darauf, dass die Camper es geschafft hatten, dem Tier zu entkommen. Den Gedanken an einen Wahnsinnigen verdrängte ich, so gut es eben ging. Trotzdem wollte ich diesen Fund melden.

Ich rannte zum Radio, um meinen Kollegen zu fragen, was ich am besten tun sollte. Doch mir antwortete nur Stille. Ein unfassbar beklemmendes Gefühl der Einsamkeit machte sich in mir breit. Ich holte mein Handy heraus, um die Polizei zu alarmieren, doch stellte fest, dass ich kein Netz hatte. Die einzige Möglichkeit, die Polizei zu erreichen, wäre das Telefon im Servicezentrum, doch mit meinen geringen Ortskenntnissen und den schlechten Lichtverhältnissen wäre der Ausflug dorthin ein Selbstmordkommando. Es blieb mir nichts anderes übrig, als in meinem Turm zu warten, bis mein Kollege mir endlich antwortete oder bis der nächste Tag anbrach und ich gefahrlos zurück zum Servicezentrum wandern konnte.

Ich saß wie erstarrt auf meinem Bett und betrachtete den Rucksack in meinen Händen, als mich plötzlich ein Geräusch zusammenzucken ließ.

Das Walkie-Talkie, das sich weiterhin im Inneren des zerstörten Rucksackes befand, war mit einem lauten Rauschen angesprungen. Vor Schreck ließ ich den Rucksack auf den Boden fallen, als die Stimme eines anderen Menschen mir entgegenhallte.

„Lukas, Lukas bist du da? Geht's dir gut? Was zur Hölle war das?", fragte die mir unbekannte Person am anderen Ende.

Die Worte waren unter dem statischen Rauschen und Knacken, das typisch für billige Walkie-Talkies war, kaum zu verstehen.

Ich antwortete dem Mann nicht sofort, der Schreck sorgte dafür, dass ich kurz zu Luft kommen musste, bevor ich das gelbe Walkie-Talkie durch den großen offenen Riss aus dem Rucksack zog und mit zitternder Stimme antwortete.

„Parkservice hier, ich habe euer Camp gefunden. Was ist passiert?"

„Fuck, Mann, wo ist Lukas? Wir wurden angegriffen! Hast du Lukas gesehen?" Die Verzweiflung war nicht zu überhören.

„Ich weiß nicht, wer dieser Lukas ist, ich habe nur ein leeres Camp vorgefunden. Was ist passiert? Gab es einen Bärenangriff?"

„Bär? Schön wär's! Das war kein Bär, ich weiß nicht, was das war, aber definitiv kein verschissener Bär!", schrie die Person mir entgegen und übersteuerte hin und wieder, was zu einem unangenehmen Geräusch führte, das aus den Boxen dröhnte.

„Ganz ruhig, ich bin hier, um euch zu helfen!", sagte ich. Ich versuchte, seriös und vertrauensvoll zu klingen, doch die Angst in meiner Stimme war wohl kaum zu überhören. „Erklär mir bitte, was genau passiert ist."

„Wir waren campen, zu dritt, einfach nur aus Spaß, und um etwas das schöne Wetter zu genießen. An einer ruhigen Stelle hatten wir unser Zelt aufgeschlagen, Feuer gemacht und ein paar Flaschen Bier getrunken", fing der Mann an zu erzählen.

„Ganz langsam, wer genau ist *wir*? Mit wem spreche ich?", fragte ich, um wenigstens zu erfahren, mit wem ich es zu tun hatte.

„Ich bin Luis und war zusammen mit zwei Freunden, Tobi und Lukas, an unserem Platz, als plötzlich diese merkwürdige Stimme zu hören war", jammerte es aus dem Walkie-Talkie.

„Merkwürdige Stimme?" Vermutlich hätte ich erst andere Dinge erfragen sollen, ob es ihnen gut ging, sie sicher waren oder so, aber meine Neugierde überstieg meine ohnehin minderwertige Professionalität in diesem Beruf.

„Ja, es klang, als hätte irgendeine Frau was gerufen. Zuerst hatte es nur Tobi gehört und uns darauf hingewiesen, aber als wir die Musik am Handy leise gedreht hatten, konnten wir sie auch hören. Es waren leise Hilferufe, doch ihre Betonung war irgendwie seltsam, ich weiß auch nicht."

„Hat euch diese Frau angegriffen oder war jemand bei ihr?", fragte ich hastig.

„Nein! Das ist es ja, da war keine Frau! Als wir nach ihr riefen, kam ihre Stimme direkt aus den Büschen hinter unserem Zelt!" Während er sprach, wurde er immer hysterischer. *„Aber als wir da nachsehen wollten, kam irgend so ein Ding aus den Büschen gesprungen. Es hatte ein Gesicht und irgendwie auch nicht, also es hatte einen großen Mund und zwei Löcher darüber, die aber zu klein für Augen waren!"*

„Ein deformiertes Tier?" Ich versuchte, mir einen Reim auf die Sache zu bilden.

„Hörst du mir überhaupt zu, Alter? Das war kein Tier! Es hatte kein Fell oder so, nur einen dunkelgrauen Körper voller durch die Haut ragender Knochen. Und die Arme und Beine, sie sahen aus, als hätte jemand sie verdreht, die Gelenke zeigten in die falsche Richtung. Das war total abgefuckt!"

Es war deutlich zu hören, wie traumatisiert er vom Erlebten war. So merkwürdig seine Beschreibung auch klang, ich glaubte ihm. Die Beweise, die ich am Camp gefunden hatte, reichten mir, um zumindest teilweise nachvollziehen zu können, was sich an diesem Ort abgespielt haben musste.

„Was ist dann passiert? Wo seid ihr?“ Ich wusste zwar nicht, was ich mit der Antwort anfangen sollte, aber irgendwie hatte ich das Gefühl, dass es mein Job war, das zu fragen.

„Das Scheißteil hat uns angesprungen!“, stieß Luis hervor. *„Es sprang auf Lukas zu, der gerade noch so den Rucksack vor sich halten konnte, um zu verhindern, dass diese verdammten Krallen ihn aufschlitzen.“* Nach einer kurzen Pause, die so klang, als versuchte Luis, zu Luft zu kommen, fuhr er mit seiner Schilderung fort. *„Wir sind sofort abgehauen. Tobi und ich rannten zusammen weg und ich dachte, dass Lukas direkt hinter uns wäre. Aber als ich mich umdrehte, war er nirgendwo zu sehen.“* Luis' Stimme wurde zittriger, vermutlich machte er sich Vorwürfe, dass er seinen Kumpel zurückgelassen hatte. *„Tobi ist immer noch bei mir, wir suchen verzweifelt einen Weg aus diesem verdammten Wald und haben keine Ahnung, wo Lukas ist. Fuck, Mann, was, wenn das Ding ihn erwischt hat?!“*

„Versucht euch erst mal zu beruhigen!“ Ich kam mir vor wie der größte Heuchler, da ich selbst gerade mit zitternder Hand das Walkie-Talkie festhielt. „Ich habe das Camp gesehen, da waren keine größeren Kampfspuren, keine Leiche, nichts. Ich kann nur mutmaßen, aber vermutlich konnte euer Freund fliehen.“

„Wir hatten gehofft, er hätte eins der scheiß Walkie-Talkies bei sich. Wir hatten drei mit, eins haben Tobi und ich, aber die anderen beiden hatte Lukas im Rucksack. Wie sollen wir ihn finden, ohne Kontakt aufnehmen zu können?!“

„Dieser Lukas hatte zwei Walkie-Talkies?“, fragte ich verwundert nach.

„Ja, beide im Rucksack.“

„Also, ich habe nur eins gefunden. Wahrscheinlich hat euer Freund das andere rausgenommen und ist auf eine andere Leitung gekommen. Ich versuche gleich, ihn zu kontaktieren!“ Ich hoffte, dass ich den beiden ein Gefühl von Sicherheit geben konnte, das ich selbst nicht verspürte. Ich gab mir die größte Mühe, so kompetent wie möglich zu klingen, und es schien tatsächlich zu funktionieren.

„Kannst du uns hier raushelfen, Alter? Du bist doch von dem Forstschutz oder so!“, ertönte nun die hoffnungsvolle Stimme einer anderen Person, die vermutlich zu Tobi gehörte.

„Natürlich kann ich das“, log ich die beiden an. Ich überlegte einige Sekunden, bis mir die Idee kam, dass ich sie über die Karte zum Servicecenter führen könnte. „Wisst ihr ungefähr, wo ihr seid?“ Ich brauchte einen Anhaltspunkt, um mit der Karte arbeiten zu können.

„Im Wald“, tönte mir die sarkastische Antwort von Tobi entgegen.

„Ich brauche genaue Informationen, damit ich euch zu einem nahe gelegenen Servicecenter lotsen kann. Versucht, irgendeine markante Stelle zu finden, die mir als Hinweis dient. Ein Fluss zum Beispiel oder betitelte Zeltplätze.“ Ich kannte mich zu schlecht an diesem Ort aus, um mit anderen Mitteln zu arbeiten.

„Okay, ich melde mich wieder, wenn wir was gefunden haben. Bitte such du so lange nach Lukas!“

„Keine Sorge, wir finden ihn.“

Und damit verstummte das Walkie-Talkie in meinen Händen und ich war erneut mit meinen Gedanken alleine.

Am liebsten hätte ich vor Wut und Verzweiflung einfach ein Fenster meines Wachturms mit der bloßen Faust eingeschlagen und in die Dunkelheit hinausgeschrien. Dies war meine erste Nacht hier, ohne Einweisung, ohne Ansprechpartner und direkt mit einem deformierten Tier oder Monster, das derzeit dabei war, Camper anzugreifen. Doch ich wusste, dass Wut mich nicht weiterbringen würde. Auch wenn ich nicht dafür geeignet war, mich um diese Situation zu kümmern, vertrauten die Jungs darauf, dass ich mein Bestes geben würde, und außerdem standen vielleicht Menschenleben auf dem Spiel.

Ich schluckte meine Zweifel runter und sah mir das Walkie-Talkie genauer an. Es war kein hochtechnisches Gerät, vermutlich eher aus einer mittleren Preiskategorie. Das Wichtige waren aber die Kanäle, auf die man schalten konnte. Im

Gegensatz zu meinem Radio im Hochsitz musste man hier nicht mithilfe eines Rades durch alle Frequenzen gehen, um Kontakt zu einem anderen Walkie-Talkie aufzunehmen. Man musste lediglich einen Knopf drücken und landete dann in einem anderen Sprachkanal, der auf einer anderen Frequenz lief. Sehr simpel gehalten, eigentlich ein idiotensicheres System. Meine Idee war, so lange durch die einzelnen Kanäle zu schalten, bis ich irgendwann eine Antwort von diesem Lukas erhielte.

Das Gespräch mit Luis und Tobi lief über Kanal 4, warum auch immer sie diesen ausgewählt hatten. Da man Sprachkanäle sowohl hoch- als auch runterschalten konnte, fing ich zur Sicherheit im ersten Kanal an und plante, mich dann bis zum 15. und damit letzten Kanal durchzuklicken, mit Ausnahme des vierten Kanals, der ja durch die anderen beiden genutzt wurde. Dies würde ich dann so oft machen, bis ich entweder eine Antwort bekäme oder die Hoffnung verlor.

Unruhig schaltete ich auf den ersten Sprachkanal und drückte den Knopf, der an der linken Seite des Geräts angebracht war. „Hier ist der Parkservice. Lukas, bist du da? Bitte melde dich, Lukas!“

Ich sprach langsam, damit ich mir sicher sein konnte, dass er mich trotz mangelhafter Tonqualität verstand, sollte er mich hören. Ich wartete ein paar Sekunden, bevor ich in den nächsten Kanal schaltete. Dort wiederholte ich das Ganze und machte dann weiter. Bei jedem Kanal, der trotz meiner Nachricht stumm blieb, sank meine Hoffnung, dass es Lukas gut ginge. Doch im neunten Kanal passierte es dann.

Ich sagte erneut: „Hier ist der Parkservice. Lukas, bist du da? Bitte melde dich, Lukas!“ Ich wartete wieder einige Sekunden, ohne eine Antwort zu bekommen, doch gerade als ich den Knopf betätigen wollte, um mein Glück im nächsten Frequenzbereich zu versuchen, übermittelte mein Walkie-Talkie für einen kurzen Moment ein Geräusch. Ich konnte es nicht so recht einordnen, doch es war anders als das normale Rauschen, das ansonsten zu hören war, und ich vermutete, dass ich mit jemandem Kontakt aufgenommen hatte und dieser jemand gerade den seitlichen Knopf zum Sprechen gedrückt hielt, wenn auch nur für einen kurzen Moment.

Hoffnung keimte in mir auf. „Hallo? Lukas, bist du das? Bitte melde dich, deine Freunde suchen nach dir, ich will dir helfen!“ Wieder wartete ich, bis mir endlich eine Stimme entgegenhallte.

„*Hallo.*“ Es war eine männliche Stimme und ich spürte, wie mir eine gigantische Last von den Schultern genommen wurde.

„Lukas? Bist du das? Geht es dir gut?“ Ich hoffte, dass er meine Fragen mit Ja beantworten würde.

„*Ja, ich bin Lukas. Hallo.*“

Ich kann wirklich nicht in Worte fassen, was für eine Erleichterung es in diesem Moment für mich war, seine Stimme zu hören und bestätigt zu bekommen, dass es sich wirklich um den Vermissten handelte. Obwohl ich versucht hatte, diesen Gedanken zu verdrängen, war ich unterbewusst davon ausgegangen, dass Lukas tot war. Aufgeschlitzt von irgendeiner Bestie, und ich würde dafür Probleme bekommen. Seine Stimme nun zu hören, zu wissen, dass er lebte und wohl auch relativ gefasst war, war wie ein Geschenk des Himmels für mich.

„Okay, Lukas, hör mir zu. Bist du in Sicherheit? Deine Freunde haben mir gesagt, dass du angegriffen wurdest. Von einem Tier oder so. Ist das Tier weg?“

„*Das Tier ist verschwunden, ich bin alleine. Ich habe Angst, bitte helfen Sie mir.*“ Okay, vielleicht war er doch nicht so gefasst.

Trotzdem, es freute mich zu hören, dass Lukas von einem Tier und nicht von einem Monster sprach, wie seine beiden Freunde es getan hatten. Noch mehr freute es mich aber, dass dieses Tier nicht mehr bei ihm war. Das würde meine Aufgabe deutlich erleichtern.

„Keine Sorge, ich helfe dir, ich bin für dich da! Kannst du irgendeinen markierten Zeltplatz oder eine auffällige

Landstruktur, also zum Beispiel einen Flusslauf, suchen und mir durchgeben? Damit kann ich herausfinden, wo du dich befindest. Ich lotse dich dann in Sicherheit“, erklärte ich und versuchte, die gleiche Technik anzuwenden wie bei den anderen beiden.

„Ja, kann ich, bitte bring mich zu meinen Freunden. Ich habe Angst.“ Lukas Stimme klang recht monoton, was sich deutlich von der Panik seiner Freunde unterschied.

„Hab keine Angst, alles wird gut! Ich melde mich gleich wieder, versuch, irgendeine Markierung zu finden!“

Ich entschied, in den vierten Kanal zu wechseln, um zu hören, ob seine Freunde bereits Fortschritte gemacht hatten.

Kurz überlegte ich, ob ich seinen Freunden mitteilen sollte, dass es mir gelungen war, Kontakt zu Lukas aufzunehmen, doch ich entschied mich schnell dagegen. Es wäre einfacher, alles zu koordinieren, wenn sie gar nicht erst die Möglichkeit hätten, dazwischenzureden oder gar auf eigene Faust zu versuchen, sich wiederzufinden und sich dabei eventuell noch weiter zu verlaufen.

Ich schaltete in den vierten Kanal.

„Jungs? Wie schaut es aus, konntet ihr etwas finden?“, fragte ich so gelassen wie möglich. Sie sollten anhand meiner Stimme zumindest merken, dass es keinen Grund zur Sorge gab.

„Hey, Mann! Wir haben hier einen Zeltplatz gefunden. Da steht Zeltplatz G-8. Konntest du mittlerweile Lukas erreichen?“

Ich hörte, wie sehr die jungen Männer hofften, dass ich ihnen die Angst um ihren Freund nehmen konnte, doch ich musste versuchen, jegliches Chaos zu vermeiden.

„Ich bin dabei, macht euch keine Sorgen. Ich schaue kurz nach dem besten Weg für euch zum Servicecenter. Wartet bitte einen Augenblick.“

Mein Blick wanderte über die Karten auf dem massiven Holztisch, während ich versuchte zu verstehen, wie die Zeltplätze angeordnet waren. Glücklicherweise waren die Markierungen sehr simpel. Der Buchstabe, in diesem Fall das G, stand für den Quadranten, in dem sich der Zeltplatz befand. Die Zahl dahinter war dann eine Nummerierung, bei der ich nicht genau verstand, nach welcher Logik sie vergeben wurde. Da allerdings in jedem Quadranten nur maximal zehn Zeltplätze vorhanden waren, konnte ich den Zeltplatz „G-8" sehr schnell ausfindig machen. Er lag quasi direkt an der Grenze zu Quadrant F, dem Quadranten meines Kollegen.

Zwar war es meine erste Intention gewesen, die Freunde zurück zum Servicecenter zu lotsen, aber da ich selbst Stunden gebraucht hatte, hierherzufinden, würde die Koordination ziemlich anstrengend werden. Daher blieb nur eine Alternative: Ich entschied, die Gruppe zunächst zu meinem Wachturm zu lotsen, und würde sie dann, sobald wir alle versammelt waren, zum Servicecenter begleiten und dort bleiben. Win-win-Situation, da ich selbst, zumindest diese Nacht, ebenfalls nicht mehr hier draußen verbringen wollte.

„Okay, ich lotse euch erst mal zu meinem Turm. Sobald ihr angekommen seid, gucken wir weiter. Verstanden?"

„Ja, wie auch immer, Hauptsache wir kommen hier weg. Wo müssen wir lang?" Luis klang genervt, wenn nicht sogar etwas patzig, doch nach diesem Schrecken, den die Jungs erlebt hatten, konnte ich nicht böse auf ihn sein.

„Okay, wenn ihr vom Zeltplatz kommen würdet, also vor dem Ausgang steht, dann geht den Weg entlang, der nach rechts führt. Seht ihr den?" Ich legte meinen Finger auf den besagten Punkt auf der Karte, um nicht den Fokus zu verlieren.

„Ja."

„Perfekt! Folgt diesem Weg, bis ihr an eine Gabelung kommt." Mein neu gewonnener Mut stärkte auch meine Autorität und zum ersten Mal an diesem Tag fühlte ich mich dem Job gewachsen.

„Okay, aber bitte such nach Lukas! Er könnte verletzt sein oder schlimmer noch!" Luis schniefte. *„Ich will seinen Eltern nicht sagen müssen, dass er tot ist."*

„Macht euch keine Sorgen!", sagte ich in einem beschwichtigenden Ton. „Ich habe alles im Griff!"

Danach verstummte unser Gespräch und ich wechselte zurück in den Sprachkanal von Lukas.

„Lukas, hörst du mich?", erkundigte ich mich. „Konntest du irgendetwas finden, woran ich bemessen kann, wo du bist?"

„Ja. Ich sehe einen kleinen See", antwortete er nach einigen Sekunden. Glücklicherweise klang er recht entspannt, ich würde ihn also in Ruhe lotsen können.

Ich schaute auf die Karte. Im Bereich der betroffenen Quadranten, vorausgesetzt, dass Lukas nicht meilenweit gerannt war, gab es nur zwei kleine Seen. Optisch unterschieden sie sich vermutlich nicht sonderlich, doch ein Merkmal fiel mir dann doch auf.

„Gibt es darin eine Insel?"

„Nein, die Insel ist in dem anderen See", entgegnete mir Lukas trocken.

Offenbar kannte er sich in dieser Gegend besser aus als ich oder seine beiden Freunde. Aber immerhin wusste ich nun, dass er sich an dem See befand, der nur knapp einen Kilometer von seinen Freunden entfernt gelegen war.

„Alles klar, das ist dann der Rodgerslake. Siehst du irgendwo einen Weg bei dir?"

„Ich befinde mich auf einem, der direkt am See liegt", antwortete Lukas.

Dies war die beste Antwort, die er mir hätte geben können, denn nur an einer Seite war der See mit einem Weg verbunden und glücklicherweise führte dieser, solange man ihm folgte, nahezu direkt zum Zeltplatz G-8.

„Super, Lukas, dann geh von deiner Position aus nach links den Weg entlang und folge ihm, bis du eine Abzweigung erreichst. Ich bringe dich in Sicherheit zu uns in den Wachturm." Ich war wie ausgewechselt, so hilfreich hatte ich mich in meinem Leben zuvor nur selten gefühlt.

Ich konnte Lukas' Schritte auf dem dreckigen Boden, der zumindest teilweise mit Blättern und Stöcken bedeckt war, klar hören. Er bewegte sich erstaunlich schnell und hatte es wohl eilig. Allerdings klang es für mich nicht nach schweren Schuhen, die über die Blätter stapften, sondern beinahe so, als wäre Lukas barfuß unterwegs. Das wunderte mich dann doch etwas; wenn ich das täte, würde das in dem Tempo nur dazu führen, dass ich mir Äste oder Steine in die Fußsohlen rammte.

Da die andere Gruppe noch etwas brauchen würde, bis sie ihre Abzweigung erreichten, blieb ich in Lukas Sprachkanal und versuchte, ihn ein wenig von seiner Situation abzulenken. Ich konnte gut nachempfinden, wie es sein musste, allein durch den Wald zu laufen, nachdem man gerade erst einen Angriff überstanden hatte.

„Sag mal, Lukas, gehst du gerne wandern?“, fragte ich, um mit etwas Small Talk die Stimmung aufzulockern.

„Ich mag die Wälder.“ Dies war zwar keine klare Antwort auf meine Frage, aber zumindest ein Anfang.

„Warst du schon einmal hier in diesem Park?“

„Ja.“ Lukas schien von meiner Small-Talk-Idee nicht sonderlich begeistert.

Daher entschied ich mich, ihn lieber etwas zu fragen, das für meine Meldung am nächsten Morgen vonnöten sein würde.

„Ihr wurdet ja von einem Tier angegriffen. Kannst du mir beschreiben, wie es genau aussah?“

Auch wenn Bären oder Berglöwen eine Gefahr darstellen, halten sie sich, so wie mein Vater mir früher bei unseren Parkbesuchen immer erzählte, von Zeltplätzen, lauten Geräuschen, Campern und Co. fern. Angriffe passieren im Normalfall nur dann, wenn Menschen in die Nähe ihrer Schlafplätze oder Jungtiere kommen. Ein Tier, das grundlos jemanden angreift, schien mir ungewöhnlich. Zu dieser Jahreszeit müsste genug Nahrung auffindbar sein, Menschen sind eigentlich ihre letzte Option.

„Es war halt ein Tier“, antwortete mir Lukas knapp. Eine Antwort, die mich jedoch nicht zufriedenstellte.

„Ich bräuchte das etwas genauer. Welches Tier? Wie hat es ausgesehen?“ Jede Information würde mir helfen. Es wäre mir deutlich lieber, meinem Vorgesetzten sagen zu können, was für ein Tier es gewesen ist, anstatt ihm die Geschichte der anderen Jungs zu erzählen, die von einem Monster gesprochen hatten.

Ein paar Momente lang herrschte Stille, bevor Lukas mir etwas erzählte, was mich mehr als verwunderte.

„Es war braun und lief auf vier Beinen. Es hatte Hörner, ein schmales Gesicht und ein kleines Schwänzchen“, sagte er und klang trotz seines Tempos nicht außer Atem.

Diese Beschreibung war gänzlich anders als die seiner Freunde. Was mich aber noch mehr verwunderte, war, dass es so klang, als würde Lukas mir einen Hirsch oder ein Reh beschreiben, ohne dabei den Namen dieses allgemein bekannten Tieres zu nennen.

„Hatte es Hufe?“, fragte ich neugierig nach.

„Ja“, antwortete er mir, während ich hörte, wie er weiter über den Weg lief.

Hier wurde mir klar, dass etwas nicht stimmte. Zwar glaubte ich nicht, dass wirklich ein Monster die Jungs angegriffen hatte, doch was auch immer es war, es hatte keine Hufe. Der Rucksack wurde nicht von einem Geweih zerstört, sondern von einer Klaue. Das hätte jeder erkannt! Ein Geweih reißt Stoffe auf oder durchsticht sie einfach, dieser Rucksack wurde aber regelrecht aufgeschlitzt. Dafür war ein Geweih einfach nicht scharf genug. Außerdem konnte ich mir nicht vorstellen, dass man ein Reh für ein verstörendes Monster hielt. Irgendetwas stimmte mit Lukas nicht.

Bevor ich zurück in den Kanal seiner Freunde wechselte, stellte ich noch eine Frage, um meinen bösen Verdacht zu überprüfen.

„Kannst du mir kurz einmal deinen Nachnamen nennen, Lukas? Ich brauche den für die Unterlagen“, sagte ich, obwohl ich genau wusste, dass es eine Lüge war, die ich ihm auftischte.

Jeder normale Mensch hätte diese Frage sofort beantworten können, doch Lukas dachte nach. Er dachte sogar so lange nach, dass ich meine Frage erneut formulierte, nur um als Antwort etwas zu bekommen, von dem ich sicher sein konnte, dass es nicht stimmte.

„Rodgers“, antwortete er endlich in einem hastigen Ton. Ich hörte, dass seine Schritte auf dem sandigen Boden noch schneller wurden.

„Okay, Lukas. Ich bin gleich wieder da, warte an der Gabelung auf weitere Anweisungen.“

Sofort wechselte ich in den anderen Sprachkanal zu seinen Freunden.

Mir war bewusst, dass Rodgers vermutlich nicht sein richtiger Name war, sondern der Name von dem See, den ich ihm ein paar Minuten zuvor genannt hatte. Er schien seinen eigenen Namen nicht zu kennen und allgemein sorgte seine sich wechselnde Laune und häufig unpassende Ruhe dafür, dass ich das Gefühl bekam, dass irgendetwas nicht stimmte.

Im anderen Sprachkanal angekommen, gab mir Luis durch, dass sie sich nun an der angekündigten Gabelung befanden. Daher nannte ich ihnen den Weg, den sie einschlagen müssten. Sie befolgten meine Anweisung und ich musste einfach nachfragen.

„Luis, kannst du mir einmal den Nachnamen von Lukas durchgeben?“, forderte ich den jungen Mann auf. „Ich brauche ihn für die Unterlagen“, behauptete ich auch ihm gegenüber, um ihn nicht weiter zu verunsichern.

„Simmons.“

Der erste Verdacht bestätigte sich. Mit wem auch immer ich gesprochen hatte, er log mich an. Die Frage war nur, ob es wirklich ein Mensch war, mit dem ich sprach.

„Du meintest, ihr hättet eine Frau gehört. Habt ihr sie auch gesehen?“ Ich hoffte, dass mein Verdacht sich nicht bestätigen würde. Lieber hatte ich es mit einem Menschen zu tun als mit einem Wesen, das sich jeder logischen Erklärung entzog.

„Nein!“, antwortete Luis, ohne zu zögern. *„Diese Stimme kam von dem Ding, das aus dem Busch gesprungen ist! Ich verstehe nicht, warum, aber es klang wie ein Mensch!“*

Es fühlte sich an, als wäre mein Herz stehen geblieben, da ich mich nun auch in meinem zweiten Verdacht bestätigt sah. Ich hatte schon einige Male Geschichten von sogenannten Skinwalkern gehört oder Videos über sie auf YouTube geschaut. Kreaturen, die ihre Erscheinung, aber manchmal auch nur ihre Stimme verändern können. Wesen, die Menschen ähneln und einen hohen Intellekt aufweisen. Gestalten aus Legenden und Mythen, ebenso wie der Big Foot oder das Loch-Ness-Monster.

Das Schlimmste war, dass diese Kreaturen am häufigsten in großen Wäldern beobachtet wurden. Die meisten Sichtungen fanden dabei in Nationalparks statt.

Normalerweise hätte ich jede Erwähnung solcher Kreaturen als Fantasterei abgestempelt, doch jetzt gerade schien alles zu passen. Was, wenn Lukas gar nicht mehr am Leben war und an seiner Stelle etwas gänzlich anderes mit mir sprach und nur darauf wartete, dass ich es zu uns führte?

Irgendeinen Ausweg musste ich mir ausdenken. Daher sagte ich Luis und seinem Kumpel, dass sie sich auch bei der nächsten Gabelung links halten und danach nur noch dem Weg geradeaus folgen müssten. Der Turm würde irgendwann sichtbar sein und sie könnten zu mir hochkommen.

Sie bestätigten meine Anweisung und ich wechselte den Sprachkanal, jedoch muss ich zugeben, dass ich nicht direkt in den Sprachkanal schaltete, in dem vielleicht ein unaussprechliches Wesen auf meine Anweisungen wartete. Unruhig überlegte ich einen Moment, was meine Möglichkeiten waren, und fasste den Entschluss, die Kreatur draußen an der nächsten Gabelung warten zu lassen, während ich mich mit den anderen im Turm verschanzen wollte.

Ich atmete tief durch, klickte in den nächsten Kanal und überspielte meine Furcht, so gut ich konnte.

„Lukas, da bin ich wieder. Wo bist du?“ Meine Hand zitterte, doch ich hoffte, dass meine Stimme normal klang, sodass das Wesen keinen Verdacht schöpfte.

„An der Gabelung. Wo muss ich lang?“ Er klang weiterhin unnatürlich ruhig für die Situation, in der er sich befand. Es schien so, als hätte er nur dann Angst, wenn ich ihm das Gefühl gab, er müsste Angst spüren.

„Hör zu, kleine Planänderung. Es ist am besten, wenn du zunächst dort bleibst. Ich habe bereits ein paar meiner Mitarbeiter kontaktiert und sie holen dich ab“, sagte ich mit einer möglichst freundlichen Stimme, während mir der kalte Angstschweiß von der Stirn tropfte. Auch wenn ich ein paar Informationen über Skinwalker hatte, wusste ich nicht, ob sie klug genug waren, um Lügen zu durchschauen.

Erneut herrschte einen Moment lang Ruhe, bis er mir plötzlich mit einem kurzen *„Nein!“* antwortete.

„Ich will zu meinen Freunden. Sag mir, wo ich langmuss“, forderte die Stimme in einem ungewohnt drängenden Ton.

„Hör zu, es ist das Einfachste, wenn du do-“, fing ich an, bevor mein Gesprächspartner mir ins Wort fiel.

„Wo muss ich lang?“ Als wäre ein Schalter umgelegt worden, war aus dem zuvor so ruhigen Lukas plötzlich jemand Wutentbranntes geworden.

„Ich will zu meinen Freunden! Entweder du sagst mir, wo ich langmuss, oder ich suche alleine nach ihnen.“

Während er diese Dinge sagte, hörte ich, wie er die Kontrolle über seine Stimme verlor. Ich meine das nicht so wie bei Menschen, die in Stresssituationen vielleicht ihre Lautstärke nicht im Griff haben. Er verlor komplett die Kontrolle über Tonhöhe, Tempo und Lautstärke. Die Stimme von Lukas, die ich die ganze Zeit gehört hatte, klang plötzlich falsch. Sie erinnerte nur noch vage an das, was ich zuvor gehört hatte. Es war, als hätte ein Computer versucht, die Stimme von Lukas zu imitieren, aber das Resultat war ein winziges Stück daneben. Es klang nicht völlig menschlich. Erst die letzten Worte des Satzes sprach er wieder mit dem für Lukas typischen

Stimmklang, beinahe so, als hätte er bemerkt, dass er etwas falsch gemacht hatte.

Es gab keinen Zweifel mehr an meiner Theorie, ich sprach nicht mit Lukas. Doch ich steckte in einem Dilemma. Die Kreatur war durch meine Anweisungen zumindest teilweise in die richtige Richtung geschickt worden und kannte sich in dieser Gegend aus. Sie würde ungefähr wissen, wie sie von ihrem Standort aus zum Wachturm kommen könnte. Vermutlich wartete sie nur darauf zu erfahren, in welchem Wachturm ich mich befand. Wenn sie den anderen beiden hinterherrannte, konnte es sein, dass sie sie einholte. Da ich der Kreatur versprochen hatte, sie zu einem Wachturm zu bringen, entschied ich mich zu etwas Schrecklichem.

„Okay, ich bringe dich zu meinem Turm. Geh an der Gabelung nach rechts und folge dem Weg, er führt dich zu uns!", log ich die Kreatur an.

Die Strecke, die ich dem vermeintlichen Skinwalker beschrieb, führte direkt zu dem Turm meines Kollegen im anderen Quadranten. Es war unbeschreiblich, was für eine Scham und Wut auf mich selbst ich verspürte, als die Stimme am anderen Ende mir kalt antwortete.

„Danke, ich finde das."

Danach hörte ich, wie die Kreatur mit unfassbar schnellen Schritten über den Weg raste und sich auf direktem Weg zu meinem Kollegen machte.

Meine Absicht war es nie gewesen, ihn zu opfern, aber ich klammerte mich an zwei Hoffnungen. Entweder er war nicht da, schließlich antwortete er mir schon den ganzen Tag über nicht, und ich würde das Wesen somit einfach nur zu einem leeren Turm schicken. Ich hoffte, dass, bis der Skinwalker bemerkte, dass er hereingelegt worden war, die beiden Jungs und ich uns hier verschanzen oder irgendwo anders hinrennen und uns verstecken konnten.

Sollte mein Kollege sich aber doch im Turm befinden würde er sicher wissen, wie er die Kreatur überwältigen oder abwehren konnte. Schließlich war er bereits länger als ich an diesem Ort und hatte bestimmt auch schon Bekanntschaft mit diesem Stimmen imitierenden Ding gemacht.

Während ich so grübelte, fragte ich mich, ob die Markierungen auf der Karte etwas mit den Sichtungen dieser Kreatur zu tun hatten. Ohne stichhaltige Informationen blieb dies aber nur ein Bauchgefühl.

Ich verließ den Kanal auf meinem Walkie-Talkie, der mich mit der Bestie verband. Stattdessen ging ich zu meinem Funkradio und versuchte erneut, meinen Kollegen zu erreichen. Doch nach wiederholtem „Hallo?!" und „Ist da jemand?" bekam ich immer noch keine Antwort. Auch wenn ich vermutete, dass er nicht dort war, erklärte ich ihm vorsorglich die ganze Situation. Und ich warnte ihn, sich in Sicherheit zu bringen. Vermutlich führte ich ein Selbstgespräch, aber ich wusste einfach nicht weiter.

Nachdenklich starrte ich aus meinem Fenster heraus in die Nacht. Am Horizont wurde der dunkle Himmel in bläulichen Nuancen langsam heller, was mir die Ankunft des baldigen Morgens versprach. Ungeduldig suchte ich die nähere Umgebung nach dem Licht zweier Taschenlampen ab, die mir die Ankunft der beiden Freunde ankündigen würde. Wie wir uns dann schützen würden, wäre ein Problem für die nicht allzu ferne Zukunft. Wobei ich glaubte, mich zu erinnern, dass wir nur bis zum Sonnenaufgang durchhalten müssten, da, so habe ich mal gelesen, Skinwalker sich tagsüber in die schattigen Wälder zurückziehen.

Doch auch nach ein paar weiteren Minuten sah ich keine Anzeichen ihrer Ankunft. Langsam machte ich mir Sorgen, daher schaltete ich noch einmal in ihren Sprachkanal.

„Wie weit seid ihr? Seht ihr schon den Turm?"

Ich hoffte, dass sie mir völlig außer Atem sagten, dass sie gleich da waren oder ich mal aus dem Fenster gucken solle, um sie zu sehen. Doch leider kam es anders.

„Soll das ein beschissener Scherz sein?", entgegnete mir diesmal Tobi anstelle von Luis. Er klang wütend, doch ich verstand nicht wieso.

„Was ist los? Habt ihr euch verlaufen?“, fragte ich verwundert.

„Wo zur Hölle bist du?!“ Tobis Tonfall war harsch. *„Wir stehen vor der verschlossenen Tür dieser staubigen Bruchbude!“*

„Wie bitte? Meine Tür ist nicht verschlossen.“ Ganz im Gegenteil, das Schloss war sogar zerbrochen, wie ich am Anfang meines ersten Arbeitstages bemerken musste.

„Du hast uns zu einem falschen Turm gelotst, du Genie! Hier ist niemand. Wo ist Lukas?!“ Tobi klang nun wirklich wütend.

Ich verstand nicht, was hier gerade vor sich ging. Hektisch überprüfte ich erneut die Karten, die auf dem großen hölzernen Tisch ausgebreitet waren. Meine Anweisungen waren korrekt gewesen, sie hätten direkt zu meinem Turm kommen müssen. Ein anderer Turm wäre weit entfernt, so weit hätten sie sich bei der simplen Route niemals verlaufen können.

Dann stockte mir der Atem und meine Augen weiteten sich, als mir ein Gedanke durch den Kopf schoss. Was, wenn die beiden keinen Fehler gemacht hatten und ich sie zum richtigen Turm gelotst hatte? Was, wenn in Wahrheit ich mich im falschen Turm befand?

Offenbar war ich bei meiner planlosen Chaoswanderung an diesem Mittag zum falschen Turm gelaufen. Dem Turm in einem anderen Quadranten. Dem Turm von meinem Kollegen.

Mit einem Mal ergab alles Sinn. All die merkwürdigen Ereignisse, die relativ gepflegten Wege, das zurückgelassene Eigentum im Turm, der halbleere Versorgungsraum. Ich hätte es schon viel früher bemerken müssen!

Ich war falsch!

Das Schlimmste aber war, dass mir nun dämmerte, was ich getan hatte. Vielleicht kann man es Karma nennen. Karma dafür, dass ich das Monster zum Turm meines Kollegen schicken wollte. Ohne es zu wissen, hatte ich die Kreatur geradewegs zu mir geführt.

Tränen liefen mir die Wangen herab und ich zitterte am ganzen Körper, als ich realisierte, dass dies vielleicht meine letzten Momente waren. Dass in diesen Augenblicken ein Monster auf dem Weg zu mir war und mich nur fand, weil ich ihm erklärt hatte, wo ich war.

Und trotzdem versuchte ich, während ich mit Luis und Tobi sprach, meine Stimme so autoritär klingen zu lassen, wie es mir körperlich möglich war.

„Versteckt euch da oben!", sagte ich, während ich versuchte, mich nicht vor Angst zu übergeben. „Schlagt eine Scheibe ein oder brecht das Schloss auf, ganz egal! Bringt euch einfach in Sicherheit bis zum Morgen! Es wird alles gut werden, ihr werdet morgen nach Hause gehen."

Ohne auf eine Antwort zu warten, schaltete ich das Walkie-Talkie aus und warf es in eine Ecke meines Zimmers.

Das war vor fünf Minuten.

Seitdem liege ich zusammengekauert unter meinem Bett und bohre mir meine Fingernägel in die Arme, um wenigstens etwas Kontrolle über mich zu bekommen. Der Schmerz lenkt ein wenig von den Gedanken ab, die meinen Schädel heimsuchen.

Dieses Ding wird bald hier sein.

Ich höre bereits seine schnellen, nackten Schritte die alten hölzernen Treppenstufen hinaufsteigen.

Meine letzte Hoffnung ist, dass die Jungs es wenigstens nach Hause schaffen, dann habe ich nicht vollkommen versagt. Wenn ich ihre Leben retten konnte, habe ich meine Aufgabe erfüllt.

Es ist gleich hier, ich frage mich, wie lange es dauern wird.

Bis das Vieh mich unter dem Bett erblickt.

DER SPÄTE ANRUF

Ich war abends oft allein in meinem Zimmer. Vor allem am Wochenende, wenn meine Eltern mit ihren Freunden Karten spielten oder mal wieder in irgendeinem schicken Restaurant ein Abendessen ohne mich genossen. Doch ich wusste auch, wie ein angenehmer Samstagabend aussehen kann.

Die meiste Zeit saß ich, mit erloschenen Lampen und heruntergelassenen Rollläden, die auch das letzte Licht der Nacht erstickten, in meinem Zimmer am Schreibtisch, zockte etwas am PC, klickte mich auf YouTube von Video zu Video oder las mir in Internetforen irgendwelche Geschichten durch.

Manche mag es wundern, dass ich am Wochenende nichts mit Freunden unternahm, doch die waren nun mal vorwiegend saufen und liefen von einer Disco zur nächsten, bis sie kaum noch in der Lage waren, in einer halbwegs geraden Linie einen Fuß vor den anderen zu setzen. So gerne ich auch ab und zu mal etwas trank, war mir dieses ständige Saufen gehen und verkatert aufwachen einfach zuwider. Da verbrachte ich lieber ein paar ruhige Stunden zu Hause, bevor mich die Müdigkeit, häufig kurz nach Mitternacht, ins Bett schickte.

Doch noch saß ich an meinem PC, scrollte durchs Internet und hörte das unaufhörliche leise Ticken meiner Uhr.

Es war schon nach 23 Uhr, als mich, in der schleichenden Dunkelheit meines Zimmers, plötzlich ein schriller Ton aus dieser angenehmen Ruhe riss. Mein ganzer Körper fuhr vor Schreck zusammen und ich fegte die Computermaus ruckartig vom dazugehörigen Mauspad.

„Ich muss dringend diesen Standardklingelton umstellen!“, fluchte ich leise, während ich mit leicht schweißnassen Händen nach meinem Smartphone griff, welches klingend und vibrierend einen unglaublichen Krach erzeugte. Für einen Moment hatte es sich wirklich so angefühlt, als wäre mein Herz stehen geblieben. Dieses typische Gefühl, mit dem einem der Schrecken durch den ganzen Körper fährt, wie zum Beispiel wenn man eine Treppenstufe verfehlt und kurz denkt, dass man nun hinabstürzt. Ich atmete tief durch und beruhigte mich.

Ich drehte das Handy, um zu sehen, wer mich denn jetzt noch anrufen könnte. Für zwei oder drei Sekunden starrte ich ungläubig aufs Display. Ich erwartete, dass meine Freunde vom Feiern anriefen, mal wieder fragten, ob ich sie nicht abholen könnte, oder mir in irgendeiner besoffenen und schwer verständlichen Standpauke erklärten, dass ich gerade den besten Abend des Jahres verpassen würde und doch noch dringend nachkommen müsse. Oder dass es meine Mutter war, um mir zu erzählen, dass sie mal wieder den Haustürschlüssel vergessen hätten und ich ihnen doch bitte die Tür aufmachen solle.

Doch so war es nicht.

„Eigene Rufnummer ruft an“ Leise las ich die Worte, die mir entgegenleuchteten und den dunklen Raum mit schwachem Licht erhellten.

Was sollte das bitte bedeuten? Wie sollte ich mich denn selber anrufen, ohne zuvor eine Nummer gewählt zu haben? Und überhaupt: War so etwas denn eigentlich möglich? Es war verwirrend, doch aus purer Neugierde und aus dem typischen Verlangen, ein unbekanntes Telefonat anzunehmen, wischte ich das grüne Hörersymbol nach oben und akzeptierte damit den Anruf. Ich nahm das Handy an mein Ohr und lauschte, ohne zu wissen, was mich erwarten könnte. Vielleicht eine Rückkopplung, in der ich meine eigene Stimme hörte? Oder auch einfach gar nichts, da es sich um einen technischen Fehler handelte?

Doch da war etwas am anderen Ende.

Ich hörte ein schweres Atmen, das von einem Schluckgeräusch kurz unterbrochen wurde, bevor es in der gleichen Intensität fortfuhr.

Ein Gefühl des Unbehagens stieg in mir auf und verpasste meinem gesamten Körper eine Gänsehaut.

„Hallo?“ Mit leicht zitternder Stimme unterbrach ich die Stille.

Das schwere Atmen stockte kurz und eine Stimme flüsterte mir entgegen: „*Hallo? Wer ist da? Kannst du mir bitte helfen?*“

Die Stimme klang vertraut, ich wusste definitiv, dass ich sie bereits mehrfach gehört hatte, doch sosehr ich auch nachdachte, mir fiel nicht ein, woher ich sie kannte. Sie klang zudem leicht verzerrt, was ein Wiedererkennen zusätzlich erschwerte.

Etwas unsicher antwortete ich der männlichen Stimme am anderen Ende: „Was meinst du mit ‚Wer ist da?‘, du hast mich doch angerufen!“ Ich war verwirrt. Waren es doch meine Freunde, die sich einen Scherz mit mir erlaubten? Nein, ihre Stimmen hätte ich doch sofort erkannt, auch bei dieser miserablen Qualität.

„*Ich ...*“, sagte die Stimme zögerlich, „*ich hab einfach irgendeine Nummer aus meinen Kontakten angeklickt. Ich brauche dringend Hilfe!*“

Da wollte mich doch jemand verarschen! ... Oder? Die Angst, die in der Stimme lag, klang beunruhigend echt. Ich verstand in meinem müden Zustand wirklich nicht, was sich hier gerade abspielte. Anscheinend war ich in der Kontaktliste dieser Person, also mussten wir uns irgendwoher kennen. Doch wieso flüsterte er? Und warum klang er so seltsam panisch?

„Hier spricht Maximilian Pfennig und wer bist du jetzt?“, sagte ich rasch und mit fester Stimme. Ich beschloss, die Sache ernst zu nehmen, denn auch wenn ich hoffte, dass das alles nur ein blödsinniger Scherz war, fühlte sich diese Situation nicht gerade wie ein Spaß an.

Es herrschte für einen kurzen Moment Ruhe, bevor die Stimme sich wieder meldete: „*Maximilian? Das kann nicht sein ... Verarsch mich doch nicht ... Ich meine das ernst!*“ Die Stimme am anderen Ende wurde hektischer.

„Ist aber so!“, schnauzte ich. Für wen hielt der sich eigentlich? „Und jetzt sag schon, wer bist du?“

Mit leicht zittriger Stimme und im leisen Ton antwortete

er mir: *„Ich bin Maximilian Pfennig."*

Wie bitte? Ich lachte kurz auf. War wohl doch jemand, dem zum Scherzen zumute war.

„Ach komm, was soll der Mist jetzt?", antwortete ich genervt. „Ich hab gerade wirklich keine Lust, mich hier verarschen zu lassen."

Für einen Moment dachte ich darüber nach, einfach aufzulegen, doch diese Person, in der ich angeblich meinen Namensvetter gefunden hatte, ließ sich kaum Zeit zum Atmen.

„Ich verarsche dich nicht! Ich meine das ernst, bitte, ich brauche deine Hilfe!" Blanke Panik sprach aus seiner Stimme, die mir erneut eine Gänsehaut verpasste. *„Meine Eltern sind weg und hier ist irgendetwas im Haus."*

Ich schluckte. Irgendwie traute ich der Sache nicht, doch diese Person klang so beunruhigend ehrlich. Kann man eine solche Angst überhaupt spielen? Mein Instinkt befahl mir, ihm zu helfen.

„Okay, Maximilian, oder wer du auch immer bist, was ist jetzt genau das Problem?" Ich lehnte mich auf meinem Stuhl zurück und ließ meinen Blick Richtung Decke schweifen. Passierte das gerade wirklich?

„Hier ist irgendetwas im Haus! Eben gab es einen lauten Krach, so als wäre etwas zerborsten, als hätte jemand ein Fenster eingeschlagen oder so! Ich habe Angst!" Er klang todernst. Wer auch immer da am anderen Ende war, er konnte das nicht spielen. Die Panik war echt!

Vorsichtig versuchte ich, ihn etwas zu beruhigen: „Alles gut, atme tief durch", sagte ich mit einer möglichst sanften Stimme, doch ich hörte sofort, dass er diesen Rat nicht befolgte. Seine Atmung blieb schnell und unregelmäßig. „Vielleicht war es ja lediglich ein Vogel, der gegen die Scheibe geflogen, oder ein Reh, das dagegengesprungen ist?", versuchte ich es weiter.

„Nein!", flüsterte die Stimme bestimmt. *„Ich habe die Treppe hinuntergesehen, da war etwas!"*

„Was hast du denn gesehen? Einen Einbrecher?"

„Ich weiß nicht, was es war, es sah fast aus wie ein nackter Mensch, das Licht ist unten aus und ich konnte nur schlecht etwas erkennen. Es hatte lange dürre Arme und der Rücken war so mager, dass ich seine lange Wirbelsäule erkennen konnte."

Genaustens lauschte ich seinen Ausführungen. Jedes Wort, das die zittrige Stimme von sich gab, fesselte und verunsicherte mich gleichermaßen.

„Es lief quer durch den Raum, riss unseren Esstisch um, warf Gläser aus dem Schrank und öffnete Türen! Ich bekam Panik und schlich in mein Zimmer zurück, was soll ich denn jetzt tun?" Maximilians Stimme wurde immer hysterischer. Wer auch immer mit mir sprach, er hatte Angst und hoffte auf meine Hilfe.

Angestrengt dachte ich nach und mit zugekniffenen Augen rieb ich mir die Stirn. Irgendwie wollte ich ihm helfen und hatte auch schon eine Idee. „Gut", begann ich und versuchte, möglichst beruhigend zu klingen, „am besten versteckst du dich irgendwo und rufst dann die Polizei. Sag mir, wie dein Zimmer aussieht, dann suchen wir dir ein Versteck."

Wenn irgendein wahnsinniger Obdachloser oder Drogenjunkie auf der Suche nach Bargeld in sein Haus eingestiegen war, konnte die Polizei ihm tausendfach besser helfen als ich. Gerade vom Telefon aus konnte ich sowieso nichts ausrichten.

„Direkt vor mir steht mein Schreibtisch, aber darunter würde man mich sofort entdecken. Links in der Ecke steht mein Bett, dort passe ich aber niemals drunter. Hinter mir steht mein alter Kleiderschrank, der ist recht groß, aber er geht nur schwer zu öffnen, da mir der Griff abgebrochen ist. Trotzdem, da könnte ich rein!"

Ich lauschte ihm aufmerksam und sah mich dabei in meinem eigenen Zimmer um. Er beschrieb die Anordnung der Möbel in seinem Zimmer exakt so, wie sie auch in meinem standen. Sogar der Griff fehlte an meinem Schrank, der war mir vor einigen Tagen abgebrochen, als ich beim Hineintragen meines neuen Schreibtischstuhles dagegengestoßen war. Zwar hatte ich gesagt, ich würde ihn wieder anschrauben, doch hatte ich es bis heute nicht getan.

Mir lief ein kalter Schauer über den Rücken.

Diese Stimme.

Sosehr ich, seit er seinen Namen nannte, versuchte, den Gedanken zu verdrängen, musste ich mir die Ähnlichkeit trotz der Verzerrung doch eingestehen.

Es war meine eigene.

Diese Person am anderen Ende der Leitung hatte nicht nur meinen Namen und dasselbe Zimmer wie ich, auch seine Stimme passte ins Bild. Aber wie war das nur möglich?

„Hallo?"

Er riss mich aus meinen Gedanken. Egal wie seltsam das gerade alles wirken mochte, diese Person brauchte meine Hilfe, also musste ich mich gefälligst zusammenreißen, alle meine zweifelnden Gedanken runterschlucken und Maximilian dabei helfen, sein Leben zu retten.

„Und Waffen?", fragte ich rasch. „Hast du irgendetwas zum Verteidigen bei dir?"

„Ich glaube nicht." Ich konnte hören, dass er sich wild umsah. *„Obwohl, doch! Ich hab vorhin beim Essen ein Küchenmesser mit in mein Zimmer genommen, es ist aber ziemlich stumpf."*

Mit starrem Blick schaute ich auf meinen Schreibtisch. Dort lag noch der Teller mit den Krümeln meines Abendbrotes, welches ich vor einigen Minuten aufgegessen hatte. Auf der weißen Keramik lag ein mit Marmelade beschmiertes altes Buttermesser.

Nun war ich mir absolut sicher, dass hier etwas Übernatürliches vor sich gehen musste. Auch wenn ich nie wirklich an so etwas geglaubt hatte. Doch alles passte. Seine Nummer, seine Stimme, sein Name, sein Zimmer.

Ich sprach mit Maximilian Pfennig.

Am anderen Ende der Leitung war ich.

Plötzlich kam mir eine Idee: Vielleicht war es ja wie in diesen typischen Sci-Fi-Paralleluniversums-Filmen? Vielleicht lebte er in einem Universum, das nahezu identisch mit meinem war, und irgendwie überlappten sie sich und er schaffte es, bei mir anzurufen. Die Theorie klang gewagt, keine Frage, aber meine Neugierde befahl mir zu testen, ob es stimmte. Denn wenn nahezu alles gleich war, dann wusste ich, was das beste Versteck war.

„Okay, Maximilian, hör mir zu, das klingt vielleicht komisch, aber erinnerst du dich, wie du früher mit deinem Kumpel immer Verstecken gespielt hast?“, fragte ich ihn.

Er antwortete sofort. *„Ja, ja, das weiß ich noch.“* Ich konnte hören, dass er etwas verwirrt war wegen des plötzlichen Themenwechsels.

„Perfekt!“, erwiderte ich, „dann weißt du doch auch noch, dass er dich nie gefunden hat, wenn du dich in den Schrank hineingelegt und die Jacken über dir ausgebreitet hast! Mach es jetzt genau wie damals und nimm das Messer mit!“

Ich hörte, wie er die Schranktür quietschend öffnete, in den Schrank hineinkletterte und die Tür wieder schloss. Danach vernahm ich ein Gruscheln, das darauf hindeutete, dass er wie besprochen mehrere Schichten von Klamotten auf sich stapelte.

Und dann wurde es ruhig.

Ich hörte, wie er atmete. Bemüht, leise zu sein, auch wenn ihm das in seiner Furcht nicht ganz gelang.

„So“, sagte ich mit sanfter Stimme, „alles wird gut, vertrau mir! Kannst du das Ding noch hören?“ Ich hoffte, dass das Telefon noch immer an seinem Ohr lag.

„Ja“, antwortete er mir gedämpft, *„ich höre es die ganze Zeit laufen, an der Treppe vorbei, in die Küche, wieder ins Wohnzimmer, über die Keramikscherben und wieder zur Treppe. Es rennt wie verrückt hin und her, und das so schnell! Ich höre, wie immer wieder seine Hände und Füße auf den Parkettboden klatschen.“*

Ich schluckte schwer. Die Beschreibung klang wie geradewegs aus einem echten Albtraum.

„Am wichtigsten ist, dass du jetzt ruhig bleibst und gleich die Polizei verständigst. Sie werden dir helfen und alles wird gut!“ Ich gab mein Bestes, ihm zu helfen, und hatte wirklich das Gefühl, dass es klappen könnte. Es fühlte sich so an, als hätte ich gerade jemanden gerettet, oder viel eher noch, als hätte ich gerade mein eigenes Leben gerettet.

Da meine Neugierde allerdings weiterhin nicht vollends gestillt war, entschied ich mich, ihm noch eine letzte Frage zu stellen, bevor er die Polizei rief, auch um ihn etwas von den Geräuschen abzulenken: „Sag mal, wie lange ist das Wesen jetzt schon im Haus?"

Er überlegte kurz. *„Ich glaube, seit gut 20 Minuten, zehn Minuten nach elf Uhr hatte ich das Bersten gehört."*

Ich blickte auf die Uhr auf meinem PC-Bildschirm, es war gerade 23:08 Uhr, er musste sich in der Zeit vertan haben. „Meinst du nicht mehr oder weniger Punkt elf Uhr?"

„Nein", antwortete er rasch, *„ich weiß es so genau, weil ich, nachdem ich die Geräusche gehört hatte, sofort auf die Uhr geschaut hatte. Ich dachte nämlich, dass meine Eltern vielleicht gerade vom Kartenspielen wiedergekommen sind."* Seine Stimme brach erneut. *„Doch sie waren es nicht!"*

Jetzt verstand ich überhaupt nichts mehr. Wenn dieser Maximilian aus einem Paralleluniversum kam, wieso hatten wir dann verschiedene Uhrzeiten?

Das Blut gefror mir in den Adern, als eine Überlegung alle anderen Gedanken aus meinem Kopf verdrängte.

Was, wenn ich nicht mit einer Version von mir aus einem Paralleluniversum sprach? Was, wenn ich stattdessen mich selbst aus der Zukunft am Apparat hatte?

Ich blickte erneut auf meine Computeruhr, die mir 23:09 Uhr anzeigte. Mein Herz begann zu rasen, während ich angestrengt den Blick auf der Uhrzeit ließ.

Leise hörte ich das Ticken meiner Uhr an der Wand, das ich bis jetzt ausgeblendet hatte, ich hörte das schwere Atmen von Maximilian am Telefon, der sich in Lebensgefahr befand.

23:10 Uhr.

Es war, als wäre die Zeit stehen geblieben. Alle Geräusche schienen zu verstummen, kein Ticken der Uhr, kein schweres Atmen am Handy, nur die gnadenlos lauten Schläge meines

Herzens, die in meinen Ohren widerhallten und mich zu erdrücken schienen.

Während ich hoffte, dass die Uhr umspringen würde, die Minute verginge, übertönte ein Geräusch mein schlagendes Herz.

Ein schrecklich lautes Bersten im Wohnzimmer und schnelle trappelnde Schritte über den Parkettboden tönten mir von außerhalb meines Zimmers entgegen.

Währenddessen konnte ich am Telefon deutlich hören, wie die Schranktür mit einem laut quietschenden Geräusch geöffnet wurde. Dann folgten meine eigenen schmerz- und angsterfüllten Schreie, die kurz darauf verstummten. Nun war nur noch das Geräusch einer Bestie zu hören, die sich am Fleisch ihres Opfers nährte.

Ich muss jemanden um Hilfe rufen.

DER VERSCHWUNDENE PASSAGIER

Eigentlich soll ein Urlaub entspannen. Ausgelaugt vom Arbeitsstress und typischem Alltag sehnt man sich häufig einfach nur nach ein paar Wochen Ruhe und Erholung. Da auch ich dieses Verlangen nachempfinden konnte, hatte ich mir einen lang ersehnten Traum erfüllt und im Oktober eine Kreuzfahrt entlang der Ostküste der USA gebucht. Zwei Wochen lang konnte ich auf dem luxuriösen Schiff entspannen und nebenbei Tagesausflüge in beeindruckende Städte, wie zum Beispiel New York oder Miami, unternehmen. Als die Tage an Bord sich dem Ende neigten, fühlte ich mich viel gelassener als zu Beginn meiner Reise. Mein Ziel war demnach eigentlich erfüllt, jedenfalls dachte ich das. Der Heimflug torpedierte meine neu gewonnene Ruhe allerdings gnadenlos. Lange Wartezeiten am Flughafen, Sitzplatzchaos im Flieger, ein defekter Sitz, bei dem man sich nicht zurücklehnen konnte, und vieles mehr vermieste mir die Stimmung und erweckte in mir den dringlichen Wunsch, endlich zu Hause anzukommen.

Doch dieser Heimflug, der ohnehin schon unter so ungünstigen Vorzeichen stand, sollte anders verlaufen, als es vermutlich jeder Passagier in der Maschine erwartet hätte.

Zunächst wirkte alles relativ normal. Als die Plätze endlich eingenommen waren, und es um 22:15 Uhr losgehen sollte, verzögerte sich der Start um 20 Minuten, da die Landebahn noch nicht frei war. Das war zwar nervig, aber leider keine Seltenheit, wenn man fliegt. Nach der ersten von insgesamt elf Stunden in der Luft kamen die Flugbegleiter mit Getränken und einem aufgewärmten und ziemlich billigen Abendessen vorbei, das jedem Passagier vorgesetzt wurde. Da wir nur knapp 150 Passagiere waren, so jedenfalls die Aussage des Kapitäns zu Flugbeginn, als er verkündete, dass die Boeing 737 nicht gänzlich ausgebucht war, dauerte das Verteilen des Essens nicht sonderlich lange.

Es muss ungefähr Mitternacht gewesen sein, als zwei Flugbegleiter durch die Reihen gingen und die nun leeren Aluminiumschalen wieder einsammelten. Als ich meine

Schale, die immer noch ein bisschen warm war, der Frau gab, die mich freundlich anlächelte, zog ein anderer Passagier meine Aufmerksamkeit auf sich. In der gegenüberliegenden Reihe saß ein junger Mann, ich schätzte ihn auf Mitte 20. Ich bemerkte, dass er sein Essen kaum angerührt hatte und er sehr nervös wirkte. Mehrfach blickte er sich um, aktivierte den Bildschirm seines Smartphones und warf einen Blick auf die Uhrzeit, bevor er es wieder ausschaltete. Dies wäre schon ungewöhnlich genug gewesen, doch nebenbei schien er ganz leise mit sich selbst zu sprechen. Zwar hörte ich ihn aus dieser Entfernung nicht, aber ich konnte deutlich erkennen, dass seine Lippen sich bewegten und Worte formten.

Es war sehr seltsam, so etwas mit anzusehen, doch ich hatte auf meinen Flügen schon vermehrt Menschen mit Flugangst erlebt, die sich nahezu identisch verhielten. Es waren Passagiere, für die jede Sekunde in der Luft eine absolute Tortur war. Daher ging ich zunächst davon aus, dass dieser Mann das gleiche Problem hatte.

Kurz darauf gingen die Flugbegleiter erneut durch die Reihen und baten alle Passagiere, die Fensterblenden zu schließen. Die gesamte Flugzeit über hatte ich auf diesen Moment gewartet. Bei Nachtflügen werden irgendwann nach dem Essen die Blenden an den Fenstern geschlossen, damit kein Sonnenlicht hineinkommt. Dies hat den einfachen Grund, dass die Passagiere so ungestört schlafen können, ohne von grellen Sonnenstrahlen geweckt zu werden.

Mein Blick wanderte wieder zu dem seltsamen Mann. Sein Verhalten hatte sich in den paar Minuten, die vergangen waren, nicht geändert, allerdings bemerkte ich, dass er nun zusätzlich extrem zu schwitzen begann. Nicht nur auf seiner Stirn bildeten sich Schweißperlen, auch bei seinem dicken Pullover zeichneten sich deutliche Wasserflecken unter den Armen ab. Als ich das sah, hatte ich nicht nur Mitleid mit dem Mann selbst, der gerade durch die Hölle fuhr – oder besser flog –, sondern auch mit seinem Sitznachbarn, der in ein paar Stunden vermutlich den beißenden Gestank von getrocknetem Schweiß ertragen musste.

Nachdem alle Blenden geschlossen waren und die ersten Passagiere bereits mit Schlafbrillen zurückgelehnt in ihren Sitzen lagen, wurden auch die Lämpchen im Inneren der Maschine abgeschaltet, sodass nur noch ein schwach weißes Licht den Korridor gerade ausreichend beleuchtete, damit man das Klo finden konnte.

Auch wenn mein Sitz sich leider nicht gänzlich zurückstellen ließ, entschied ich mich vorerst zu versuchen, in einer aufrechten Position ein paar Minuten Schlaf zu bekommen. Bevor ich allerdings die Augen schließen konnte, hörte ich etwas, das mich beunruhigte. Es war klar zu vernehmen, wie der schweißgebadete Mann auf der anderen Seite des Korridors plötzlich immer lauter und lauter atmete. Während zuvor kaum Geräusche aus seiner Richtung zu hören waren, schien es nun, als würde er hyperventilieren. Sein Blick wurde noch hektischer, immer wieder schaute er quer durch den Flieger und beugte sich in den Flur, um den Gang entlangzugucken. Manchen Angstpatienten half es, wenn die Blenden geschlossen waren, doch er schien nur noch nervöser zu werden. Es machte den Eindruck, als wäre dieser Mann kurz davor, eine ausgewachsene Panikattacke zu bekommen, und dies wäre ein Szenario, das für alle Beteiligten unschön enden könnte, da man nie weiß, zu was ein Mensch in einer Notsituation fähig ist.

Doch der Anblick war noch aus einem anderen Grund beängstigend, denn es schien beinahe so, als würde der Mann Ausschau nach jemand Bestimmtem halten. Als hätte er Angst, verfolgt zu werden.

Aus Höflichkeit versuchte ich, den Mann nicht zu sehr anzustarren, und zwang mich, meinen Blick geradeaus auf die Lehne meines Vordermannes zu richten. Gerne hätte ich ihn beruhigt oder nachgefragt, was los war, doch bevor ich oder irgendein anderer Passagier dies hätte tun können, passierte etwas Undenkbares.

Ich weiß noch ganz genau, dass ich im Augenwinkel sah, wie der Mann aus seinem Sitz nahezu panisch aufsprang und laut etwas rief, das ich nicht genau verstand. Das Wort war irgendwie abgehackt, und so hörte ich statt einer verständlichen Aussage nur für einen kurzen Moment das laute Geräusch seiner schreienden Stimme und danach absolute Ruhe.

Aber der Mann schwieg nicht plötzlich und auch seine Atmung hatte sich nicht normalisiert, vielmehr war dieser Mann gar nicht mehr in der Lage, zu sprechen oder zu atmen. Denn dort, wo er eben noch von seinem Platz aufgesprungen war und lauthals etwas geschrien hatte, war mittlerweile nur noch ein leerer Sitz. Es muss innerhalb einer Millisekunde passiert sein, dass dieser Passagier plötzlich verschwand.

Mein Blick, genau wie der der anderen Passagiere in meiner direkten Umgebung, wurde blitzartig zu dem leeren Platz gezogen, und wir alle fragten uns, wo die Person plötzlich hin verschwunden sein könnte. Der ältere Herr, der neben dem Mann gesessen hatte, wirkte schockiert.

Nach kurzer Ratlosigkeit begannen die ersten Leute im Flieger Fragen zu stellen. „Was ist passiert?“ „Wo ist der Mann hin?“ Und so weiter, es waren die gleichen Fragen, die auch in meinem Kopf umherkreisten. Doch niemand konnte eine direkte Antwort darauf bieten. Der Passagier war einfach verschwunden.

Die Stewardess, die sich in der Nähe befand und das Geschehen selbst mitbekommen hatte, versuchte, uns zu beruhigen. Sie sagte, dass alles in Ordnung wäre, und bat einige Fluggäste, die von ihren Plätzen aufgestanden waren, um einen besseren Blick auf das Geschehen (oder eigentlich Nichtgeschehen) zu bekommen, sich wieder hinzusetzen. Trotzdem war nicht abzustreiten, dass auch sie ängstlich wirkte. Zwar folgten die Passagiere ihren Anweisungen, aber Gespräche über das, was sich eben zugetragen hatte, wisperten nun durch die Reihen. Vermutlich wäre es der Flugbegleiterin am liebsten gewesen, wenn wir alle einfach wieder versucht hätten zu schlafen, doch niemand schien auch nur ansatzweise müde zu sein. Der Schock und die Verwunderung saßen zu tief.

Die Stewardess kam in unsere Reihe und fragte uns, ob wir zufällig wüssten, was genau hier passiert war. Ich zuckte lediglich mit den Schultern, aber der ältere Herr, der neben dem Mann gesessen hatte, meldete sich schnell zu Wort.

„Der junge Herr wirkte den ganzen Flug über sehr nervös", sagte er. „Ich hatte ihn mehrfach gefragt, ob alles gut sei, doch er hat mir nicht geantwortet. Es wirkte beinahe so, als würde er mich gar nicht wahrnehmen."

Die junge Frau, die neben mir am Gang der Reihe saß, stimmte dem älteren Herren zu und erklärte, was sie gesehen hatte. „Er sprach mit sich selbst, sagte Worte, die ich nicht ganz verstehen konnte, aber ich glaube, es war etwas wie ‚verdammt' oder ‚scheiße'." Sie stoppte nach dieser Aussage kurz, holte tief Luft und fügte etwas Beunruhigendes hinzu. „Ich möchte nicht anmaßend sein, aber ich hatte den Verdacht, dass er psychisch krank war. Vielleicht litt er unter Wahnvorstellungen?"

Passend zu dieser Aussage drehte sich die Person im Sitz vor mir zu uns um und schaute über die Rückenlehne seines blauen Platzes hinweg direkt der jungen Frau neben mir in die Augen.

„Hören Sie, ich habe vor Kurzem eine Dokumentation über Außerirdische gesehen und da ist so etwas Ähnliches passiert." Er sah aus, als würde er es wirklich ernst meinen, und seiner Frau oder Freundin neben ihm schien das Ganze unangenehm zu sein. Mit einem leichten Ruck an seinem Hemd wollte sie ihm wohl signalisieren, dass er sich wieder setzen sollte.

Normalerweise hätte ich bei der bloßen Erwähnung von Außerirdischen aufgehört, seinen Worten Gehör zu schenken, aber ein Mann, der sich plötzlich in Luft auflöste, war bereits so übernatürlich, dass die Involvierung von Aliens plötzlich durchaus nach einer möglichen Erklärung klang.

„Dabei ging es um eine Gruppe junger Männer, die in einem Auto fuhren und plötzlich am Himmel merkwürdige Lichter erblickten", fuhr der Mann fort. „Sie beobachteten aus dem Auto heraus ein seltsames Objekt, bis es plötzlich wie aus dem Nichts verschwand. Gerade als sie sich über das Gesehene unterhalten wollten, bemerkten sie, dass einer von ihnen verschwunden war. Man vermutet, er wurde von den Außerirdischen mitgenommen, denn er wird bis heute vermisst."

Der Flugbegleiterin konnte man deutlich ansehen, dass sie diese Geschichte für ein Hirngespinst hielt. Sie untersuchte kurz den Platz, auf dem der junge Mann gesessen hatte. Dabei machte sie eine merkwürdige Beobachtung. Sie fragte, ob jemand wüsste, ob der Verschwundene ein Stück Handgepäck bei sich getragen hatte, und der ältere Herr war sich sicher, dass er einen großen schwarzen Rucksack bei ihm gesehen hatte, der ziemlich viel Platz im Fußraum einnahm.

Doch ebendieser Rucksack war zusammen mit dem Mann verschwunden.

Die ganze Sache wurde immer merkwürdiger und auch die Stewardess schien mit der Situation völlig überfordert zu sein. Sie wurde sichtlich unruhig, sodass der ältere Herr ihr mit seiner netten Stimme lächelnd sagte: „Machen Sie sich mal keine Sorgen. Es wird alles gut werden. Wenn ich eine Sache als Pastor gelernt habe, dann, dass wir nie tiefer fallen als in Gottes Hände."

Anhand seiner Sprechart hätte mir schon vorher auffallen können, dass er Prediger war oder zumindest regelmäßig Reden hielt. Seine Worte waren tatsächlich ein wenig beruhigend, doch konnten sie nicht von der Situation ablenken.

Während die Stewardess vergeblich versuchte, Blickkontakt mit einem anderen Flugbegleiter aufzubauen, der weiter vorne im Flieger in Gespräche mit anderen Passagieren involviert war, stellte die Frau neben mir plötzlich fest, dass wohl auch ihre Handtasche verschwunden war. Ich sah hinunter und bemerkte, dass mein Rucksack ebenfalls abhandengekommen war. Doch nicht nur das: Wie uns erst jetzt auffiel, waren zahlreiche Gegenstände wie Bordmagazine, Kotztüten und laminierte Sicherheitsfolien zusammen mit dem Passagier spurlos verschwunden.

Nachdem auch andere Fluggäste mitbekamen, dass sich ihr Handgepäck in Luft aufgelöst hatte, wurde die Unruhe unter den Fluggästen noch größer. Die Stewardess gab ihr Bestes, die Situation zu entschärfen, doch es war klar, dass bald eine regelrechte Panik im Flugzeug ausbrechen würde. Das aufgebrachte Getuschel um mich herum verstummte erst, als vom vorderen Teil des Fliegers der andere Flugbegleiter zu uns nach hinten kam. Er war um die 40 und hatte kurze schwarze Haare. Er kam mit einer wichtigen Nachricht zu seiner Kollegin und versuchte nicht einmal, sie diskret zu überbringen. Mit ernster Miene sah er ihr in die Augen und sagte: „Im vorderen Teil des Flugzeuges fehlen Passagiere!"

Schlagartig wurde es still, jegliche Diskussionen um verschwundenes Handgepäck kamen zum Erliegen und jeder von uns starrte schockiert zu dem Flugbegleiter, der mit seinem Bericht fortfuhr.

„Eine ältere Dame sagt, dass ihr Ehemann neben ihr schlief und sie seine Hand hielt, als er plötzlich verschwand. Und ein junger Mann behauptet, dass seine Freundin neben ihm einen Film auf ihrem Handy geschaut habe und ebenfalls binnen eines Blinzelns nicht mehr aufzufinden war." Der Steward sah uns an und bemerkte wohl erst jetzt, dass er vor den Gästen laut gesprochen hatte. Doch offenbar las er unsere Mienen richtig, denn überrascht sahen wir sicherlich nicht aus. „Zudem sind Handgepäckstücke verschwunden", fügte er mit Blick auf unsere leeren Fußräume hinzu.

Dann trat er näher an die Flugbegleiterin heran und sagte etwas, das jeden von uns nervös machte.

„Das Merkwürdigste aber war, als einer der Passagiere vorne kurz eine Fensterblende geöffnet hat." Er wandte sich zu dem jungen Mann, der am Fenster neben mir saß. „Junger

Herr, könnten Sie bitte einmal Ihre Blende ein Stück nach oben schieben?“

Ich sah, dass der angesprochene Mann neben mir, der die ganze Zeit kein Wort gesprochen hatte, zitterte, als er seine Hand langsam zur weißen Plastikblende führte.

Um ehrlich zu sein, ich weiß gar nicht, was ich erwartet hatte, draußen zu sehen. Ein Teil von mir glaubte vielleicht wirklich, dass ich gleich aus dem Fenster schauen und ein UFO sehen würde, das dabei war, Passagiere und Gepäckstücke zu entführen. Aber das, was ich dann wirklich sah, oder besser gesagt, das, was ich nicht sah, war schockierender als meine schlimmsten Vorstellungen.

Als der Mann neben mir die Blende hochschob, erleuchtete ein unfassbar grelles weißes Licht unsere Sitzreihe. Es war kurz nach Mitternacht, draußen hätte alles dunkel sein müssen. Normalerweise hätte man vielleicht Wolken erkennen können, die sich im Mondlicht gegen die Nacht abzeichneten, aber stattdessen war außer einem unendlichen Weiß nichts zu sehen. Das Licht war heller als alles, was ich je zuvor gesehen hatte, und obwohl wir seit einiger Zeit in einem abgedunkelten Flugzeug saßen, schmerzte das plötzlich auftretende Licht nicht in den Augen.

Nach und nach öffneten nun auch die restlichen Passagiere ihre Blenden. Jeder wollte den Anblick, der jede Logik überstieg, mit eigenen Augen sehen und schon bald füllte sich das gesamte Flugzeug mit einem strahlend weißen Glanz, als würden Stadionflutlichter direkt durch die Scheiben scheinen.

Wie gebannt starrten wir nach draußen und keiner traute sich, auch nur ein Wort zu sprechen. So hypnotisierend war das Licht.

Dann wurde die Ruhe durch die Stimme des alten Pastors unterbrochen, der den Gedanken, den wir alle in diesem Moment hatten, aussprach. Mit zittriger, aber dennoch glückerfüllter Stimme sagte er: „Das ist der Himmel ...“

Seitdem ist einige Zeit vergangen, wie viel genau, weiß ich nicht. Es könnten Minuten oder auch Stunden gewesen sein. Nachdem der Passagier verschwunden war, verloren wir jegliches Zeitgefühl und mit dem Zeitgefühl einhergehend verloren wir auch andere Gefühle von menschlichen Bedürfnissen.

Doch diese Zeit haben wir genutzt, um zu verstehen, was wirklich passiert war. Auch wenn wir nicht alles mit Sicherheit sagen können, haben wir uns folgende Erklärung für die Geschehnisse dieses Fluges zurechtgelegt:

Der nervöse Mann war vermutlich ein Attentäter, der im Moment der Tat schrie und einen Sprengsatz zündete. Ob dieser nun in seinem Rucksack, an seinem Körper oder per Fernzünder in einem der Koffer war, können wir nicht rekonstruieren. Doch die Explosion sorgte für unseren plötzlichen Tod. Wir vermuten, dass er nicht mehr bei uns ist, weil er es durch seine Taten nicht verdient hat, in den Himmel aufzusteigen. Und genau das ist wahrscheinlich auch der Fall bei den anderen Passagieren, die verschwunden sind. Wir wissen nicht, ob auch ihnen, durch Sünden oder warum auch immer, der Zugang zum Himmel verwehrt wurde. Aber vielleicht ist der Grund für ihre Abwesenheit auch ganz im Gegenteil ein freudiger. Vielleicht haben sie den Absturz überlebt und uns deswegen nicht an diesen neuen Ort begleitet.

Es ist ein aufregendes Gefühl, ich weiß nicht, wo und wann wir ankommen. Aber ich verspüre keine Angst.

TOT OHNE GRUND

Logbucheintrag vom 23.06.2021, 23:34 Uhr

Nach dreitägiger Fahrt durch den Pazifik sind wir endlich an unserem Ziel angekommen: einer von der deutschen Gesellschaft „Deep Horizon“ finanzierten Erkundung des tiefsten Punktes der Erde.

Wir befinden uns derzeit über der Tiefseerinne, die besser bekannt ist unter dem Namen Mariannengraben. Mit ungefähr 11.000 Metern Tiefe befindet sich unter unseren Füßen ein Abgrund ungeahnten Ausmaßes. Vor über 60 Jahren wurde das erste Mal der Grund dieses Grabens entdeckt, doch unsere Expedition kann diesen Rekord brechen. Ein schweres Tiefseebeben vor einem Monat gab nach neuesten Scans Grund zur Annahme, dass sich am Grund des Mariannengrabens ein neuer Spalt geöffnet haben könnte. Die Scans konnten leider keine genauen Angaben liefern, wie tief wir mit unseren Robotern tauchen müssen, um den neuen tiefsten Punkt zu erreichen. Doch egal wie tief es hinab in die unausweichliche Schwärze geht und egal wie hoch der Wasserdruck auch werden mag, unsere Maschinen halten das problemlos aus.

Es geht heute um mehr als eine simple Erkundungstour, es geht um das Einstellen eines Rekordes und darum, den wahrlich tiefsten Punkt des Meeres zu entdecken und abzulichten. Morgen früh um 7 Uhr wird sich das Erkundungs-U-Boot Deep Discovery (abgekürzt DD) auf den Weg machen, den Grund des Ozeans zu erreichen. Wir erwarten seine Ankunft am neu aufgerissenen Spalt gegen 11 Uhr. Wie lange es dann dauert, den Grund des neuen Spalts zu erreichen, kann derzeit aufgrund der fehlenden Informationen nicht genau bestimmt werden.

Das Meer ist ruhig, kaum Wind, geringer Wellengang und klarer Himmel. Lediglich vor der Ankunft gab es leicht höhere Wellen, die unser Schiff kurzzeitig ins Wanken brachten. Danach war jedoch wieder alles ruhig. Perfekte Voraussetzungen für die Erkundung. Eine Verschlechterung des Wetters ist nach unseren Messungen nicht zu erwarten.

Weder private Boote noch Passagier- oder Frachtschiffe sind derzeit zu erblicken. Lediglich ein Gewirr aus Plastikflaschen, alten Fischernetzen und einem ausgeblichenen Streusalzeimer schwamm an uns vorbei, sowie ein etwas größeres Stück weißes Plastik, welches wir nicht genauer zuordnen konnten. Das Team ist bereits in den Kojen verschwunden und wird morgen pünktlich um 5 Uhr an Deck erscheinen, um die Expedition wie geplant durchzuführen.

Wir stehen vor einer Sensation!

Logbucheintrag vom 24.06.2021, 6:22 Uhr

Die Mannschaft war wie erwartet pünktlich. Es herrscht Anspannung und Nervosität an Bord, die allerdings auf hohen Tatendrang und große Motivation zurückzuführen ist. Die Männer und Frauen unseres Teams haben die DD bereits startklar gemacht und wir warten derzeit auf den Beginn der Expedition.

Wie erwartet ist das Wetter angenehm und auch das Meer ist nach wie vor ruhig. Die Zeichen stehen gut, um unkompliziert Ergebnisse zu erzielen. Weiterhin sind keine anderen Schiffe in Sichtweite, jedoch erblickten wir mehrere kleine Plastikteile, die im Bereich um uns herumschwammen. Da es sich hierbei um weißes Hartplastik handelt, kam die Vermutung auf, dass ein Stück unseres Schiffsrumpfs gesplittert sein könnte. Nach flüchtiger Prüfung unseres Schiffes können wir jedoch ausschließen, dass diese Teile von uns stammen.

Logbucheintrag vom 24.06.2021, 7:30 Uhr

Mit leichter Verspätung ist die DD seit 7:02 Uhr auf dem Weg in die tiefe Schwärze. Die Kameraverbindung ist stabil, derzeit sind keine Abbrüche zu verzeichnen. Wir behalten die Übertragung im Blick und erwarten, den Spalt ohne große Verzögerungen gegen 11 Uhr zu erreichen.

Logbucheintrag vom 24.06.2021, 9:41 Uhr

Die Expedition muss unvorhergesehenerweise vorläufig eingestellt werden. Vor knapp 45 Minuten, auf einer Tiefe von ungefähr 5.100 Metern, war eine seltsame Form in dem tiefen Schwarz des Ozeans zu erkennen. Von den Lampen des U-Boots leicht angeschienen, wurde ein dunkles Etwas mitten im Graben entdeckt, das umherzutreiben schien.

Wir näherten uns mit der DD und erkannten bereits kurze Zeit später, um was es sich handelte.

Es war kein Fisch, auch kein sonstiger Meeresbewohner.

Auf dieser eigentlich unerreichbaren Tiefe trieb der Körper eines leblosen Menschen.

Gekleidet in Jeans, einem weißen T-Shirt und einer gelben Regenjacke trieb in dieser unendlich wirkenden Schwärze eine Person.

Das Team und ich waren geschockt, dies mitanzusehen. Die Lunge des Mannes, den wir auf Mitte 40 schätzen, muss auf einer solchen Tiefe bereits nahezu gänzlich zusammengepresst sein. Seine Augen und der Mund waren weit aufgerissen und gerötet. Die Haltung seines Körpers war gekrümmt, Extremitäten waren so weit verdreht, dass anzunehmen war, dass der Körper mehrere Knochenbrüche erlitten hatte.

Man hätte natürlich von einem Schiffbrüchigen ausgehen können, einem Mann, der alleine auf hoher See war und vielleicht kenterte. Oder einem Urlauber, der von einem Kreuzfahrtschiff ins Wasser stürzte. All dies war uns auf hoher See bereits untergekommen.

Doch hier stimmte etwas nicht.

Wenn ein Mensch von Bord fällt und stirbt, dann sinkt er nicht direkt zum Grund. Er treibt für einige Zeit und sein Körper beginnt, das umliegende Meerwasser teilweise aufzusaugen. Das Resultat wäre eine typische kreidebleiche Wasserleiche, wie wir sie allzu oft gesehen hatten. Ein aufgequollener Körper, der nur noch vage an den eines Menschen erinnert, der er einst war.

Doch dieser Körper hier war, von den offensichtlichen Verletzungen abgesehen, noch vollständig intakt und prinzipiell identifizierbar. Nicht aufgequollen und auch nicht bleich. Es war offensichtlich, dass dieser Körper keine wochen- oder monatealte Leiche war, die nach einem schrecklichen Verwesungsprozess endlich zum Grunde des Meeres sank, um ihre letzte Ruhestätte zu finden. Diese Leiche war frisch. Eigentlich hätte dieser Körper nicht in die Tiefen des Ozeans sinken dürfen. Es sei denn, wir hätten es hier mit einem Verbrechen zu tun.

Der Fakt, dass der Körper sank, bedeutet, dass dieser Körper beschwert sein musste und erst kurz vor unserer Ankunft ins Wasser geworfen wurde. Wir waren uns sicher, dass wir gerade das Opfer eines Mordes entdeckt hatten!

Die DD blieb aufs Erste noch auf Höhe der Leiche und beobachtete sie eingehend. Wir suchten nach Hinweisen, die auf eine Straftat hinweisen könnten, Einschusslöcher oder auch Spuren, die eine Strangulation nahelegen. Die erste Betrachtung mithilfe der DD brachte allerdings keine Antworten auf diese Fragen.

Unsere erste Vermutung wiegt schwer. Wir glauben, dass in der Nacht, in der wir hier ankamen, Männer auf einem kleineren Schiff das Opfer ins Wasser geworfen haben könnten. Die Hosen- und Jackentaschen sind vermutlich mit Steinen beschwert worden oder der Mann trägt unter der Jacke eine Weste aus Blei. Vermutlich hatten der oder die Täter darauf spekuliert, dass der Körper so garantiert sinken würde und ihn so nie jemand zu Gesicht bekäme. Wer konkret diesen Mord allerdings vollzogen haben könnte, ist uns ein Rätsel. Es könnte die Mafia gewesen sein, die einen nicht zahlenden Kunden beseitigen wollte, oder vielleicht endete ein Streit unter Fischern auf hoher See tödlich. Das alles sind nur Spekulationen, doch wir haben bereits die Küstenwache alarmiert, die sich auf den Weg zu unserer Position gemacht hat. An eine Erkundung des Spalts ist heute nicht mehr zu denken.

Logbucheintrag am 24.06.2021, 10:02 Uhr

Die Leiche verhält sich eigenartig.

Also nicht die Leiche an sich, sie bewegt sich nicht oder dergleichen, aber sie sinkt auch nicht weiter. Seit nun über einer Stunde filmt die DD den leblosen Körper und wir erwarteten, dass er weiter sinken würde. Beschwert mit Steinen, wie wir es vermuteten, müsste sich der Körper weiter stetig dem Meeresgrund nähern. Doch das tut er nicht. 5.142 Meter waren wir tief, als wir die Leiche erblickten, nach einer Stunde befinden wir uns auf 5.098 Metern.

Der Körper bewegt sich in die falsche Richtung.

Die Leiche treibt an die Oberfläche und nicht nach unten.

Letzte Luftkammern in der gepressten Lunge scheinen dem Körper noch genügend Auftrieb zu verleihen, um sich langsam der Meeresoberfläche anzunähern.

Wir sind ratlos, wie das sein kann!

Natürlich, ein Körper treibt durch Luft an die Oberfläche, keine Frage, doch wie kann es sein, dass dieser Körper zunächst über 5.000 Meter tief sinkt und daraufhin wieder steigt? Sind die Steine eventuell zwischenzeitlich aus den Taschen gefallen? Die gesamte Crew versucht, sich einen Reim auf diese Situation zu bilden.

Wir behalten den Körper im Auge und warten darauf, dass die Küstenwache erscheint, dies kann allerdings bis morgen dauern.

Logbucheintrag am 24.06.2021, 10:.23 Uhr

Ein großes Stück Plastik trieb grade an der DD und der Leiche vorbei in Richtung Oberfläche. Farbe und Beschaffenheit erinnern an die anderen Plastikstücke, die wir seit unserer Ankunft bereits erblickt hatten.

Wir wissen noch immer nicht, von wo die Plastikteile kommen. Der leblose Körper steigt weiterhin gleichmäßig Richtung Oberfläche. Wir notieren die Position und tauchen tiefer.

Wir haben einen unguten Verdacht.

Logbucheintrag am 24.06.2021, 10:57 Uhr

Ein Friedhof.

Das ist es, was wir erblickten, als wir tiefer mit der DD in die Schwärze des Grabens hinabtauchten.

Nach ungefähr 700 Metern, die wir langsam und suchend hinabglitten, sahen wir plötzlich einen traurig vertrauten Anblick. Die Leichen von insgesamt sechs weiteren Männern, von denen alle ähnlich gekleidet waren wie der erste Körper, trieben in der Tiefe des Ozeans.

Alle bis auf einen glichen in ihrer Verfassung dem Toten, den wir zuvor entdeckt hatten. Sie alle hatten riesige aufgerissene und gerötete Augen und sie alle trieben langsam hinauf an die Oberfläche.

Nur ein Körper zeigte drastische Spuren einer Verletzung, wobei das noch stark verharmlosend formuliert ist. Einem der Männer fehlte der Kopf, er wurde augenscheinlich brachial abgetrennt! Wer ihn so zugerichtet hat, können wir nicht sagen. Doch eins ist eindeutig: Diese Körper wurden nicht kurz vor unserer Ankunft ins Wasser geworfen.

Sie kamen nicht von der Oberfläche und sanken beschwert in Richtung Meeresgrund, um nun wieder aufzusteigen.

Nein, sie kamen tatsächlich ganz ursprünglich von da unten.

Wir verstehen nicht, was hier los ist.

Aber irgendetwas stimmt hier ganz und gar nicht.

Logbucheintrag vom 24.06.2021, 11:24 Uhr

Laut Plan hätten wir vor knapp 25 Minuten am Spalt angekommen sein sollen, doch dieser Plan spielt keine Rolle mehr. Weder Ruhm noch ein Weltrekord sind nun noch wichtig.

Während die DD von Leiche zu Leiche fuhr, schlugen

einige große Plastikteile gegen die Außenhülle unseres U-Bootes. Und dann trieb auf einmal das mehrfach durchgebrochene Schiffswrack eines weißen Fischerbootes an uns vorbei hinauf zur Oberfläche.

In den kurzen Momenten, in denen wir dieses Schiff sehen konnten, erkannten wir klar, dass es mit einer unvorstellbaren Wucht mehrfach auseinandergebrochen worden war. Tiefe Risse zogen sich durch die Außenhülle und alle Scheiben waren geborsten.

Dieses Schiff kam von der Oberfläche und die Leichen kamen vermutlich von diesem Schiff.

Aber wie konnte das Schiff in diese Tiefen gelangen? Wir können keine Strömungen feststellen, die das Schiff so tief sinken ließen. Irgendetwas muss es hinuntergezogen haben.

Logbucheintrag vom 24.06.2021, 11:39 Uhr

Wir sind nicht die Ersten, die in diese Tiefen gelangt sind.

Wir sind nicht die Ersten, die diesen Ort gesehen haben.

Etwas war schon da.

Etwas drang aus diesem neuen Spalt.

Etwas, das zuvor unter steinernen Schichten verborgen gelegen hatte.

Etwas wartet dort auf uns.

Letzte Tiefe: 7.100 Meter, dies ist die Tiefe, in der wir sie erblicken können. Zwei riesige Leuchtpunkte, die das Licht unseres Bootes reflektieren.

Zwei riesige Augen starren uns aus der Dunkelheit heraus an.

Es wartet.

Es lauert.

Und es ist wütend ...

AAAAAHH!!
AAAAAHH!

JAPANISCHER STAHL

Zeiten ändern sich unweigerlich, seit Jahrzehnten wird alles viel technischer und effizienter. Alles muss möglichst schnell und in hoher Quantität hergestellt werden. Riesige Maschinen in tristen grauen Fabrikanlagen pressen Produkte millionenfach heraus und Geschäftsmänner in schwarzen Anzügen verhökern diese für wenig Geld auf dem Markt. Der Durchschnittsmensch sucht beim Einkaufen nach Schnäppchen und ignoriert dabei die Qualität des gekauften Produktes. Und doch gibt es noch immer Menschen, die auch in der heutigen Zeit weiterhin althergebrachter Tradition vertrauen und Dinge kaufen, die zwar teuer sind, aber dafür detailverliebt in langwieriger Handarbeit hergestellt wurden.

Mein Name ist Daisuke Watanabe und ich lebe im knapp 30.000 Einwohner großen Niimi, das zur Präfektur Okayama gehört. Während meine Freunde nach der Schule die Heimat verlassen haben und in die großen Städte wie Tokyo oder Osaka zogen, um dort beruflich erfolgreich zu sein, war für mich schon immer klar, dass meine Zukunft in Niimi liegt. Genauer gesagt in der Stahlbrennerei, die bereits seit zwölf Generationen in unserem Familienbesitz ist.

Jedes Mal ist es ein unfassbares Gefühl, die alte Brennerei zu betreten, da man in ein Stück japanische Geschichte eintaucht. Sicherlich müssen immer wieder Dinge renoviert werden: Holzbalken, Bodenplatten und Dachziegel – der Zahn der Zeit macht auch vor Tradition nicht halt – und doch konnten wir das Herzstück der Brennerei all die Jahre über instandhalten: den Tatara, einen altmodischen Ofen zum Brennen von Stahl.

Überirdisch sieht er nicht sonderlich spektakulär oder alt aus, was daran liegt, dass der obere Teil aus einer ein Meter breiten, drei Meter langen und ein Meter hohen Lehmschale bestand. Diese Lehmschale wird jedes Jahr neu geformt und am Ende des Brennprozesses zerstört. Allerdings ist nicht sie das wirklich Interessante, sondern das Gebilde aus Steinen, Erdschichten und Kammern, das unterhalb des Fußbodens liegt.

Die Kammern wurden vor Hunderten von Jahren gebaut und seitdem von meinen Vorfahren gepflegt. Sogar die 1920er Jahre, in denen nahezu alle Tatara-Öfen und -Brennereien geschlossen wurden, da sie sich wirtschaftlich nicht mehr rentierten, überlebte unser Familienbetrieb, auch wenn mein Ururgroßvater eine schwere Zeit mit geringen Verkaufszahlen durchmachen musste. Aber heutzutage sind wir stolz, dass dieser Betrieb weiterhin existiert und so gut läuft wie seit Jahrzehnten nicht mehr.

Die Art, mit einem Tatara-Ofen Stahl herzustellen, ist nicht nur körperlich sehr anstrengend und dauert mehrere Tage, sondern ist auch eine hohe Kunst. Die Temperatur von über 800 Grad im Inneren des Ofens muss zu jeder Zeit konstant gehalten werden. Die Luftzufuhr muss genauestens geregelt werden und die exakt perfekten Mengen an Eisensand müssen zu den richtigen Zeitpunkten in den Ofen gelassen werden, damit am Ende perfekter Stahl entstehen kann. Dieses Handwerk ist nicht leicht zu erlernen und obwohl mein Vater und Großvater seit Jahren Meister ihres Faches sind, passiert ihnen dennoch immer mal wieder ein Fehler, unter dem das Endprodukt dann leidet.

Fehler führen zu einem Qualitätsverlust im Stahl und damit auch zu Einbußen in unseren Verkaufszahlen, daher ist stets höchste Konzentration bei allen Beteiligten gefordert. Aber wenn alles funktioniert, dann entsteht bei uns der Tamahagane, der perfekte Stahl, aus dem wir handgefertigte Messer herstellen, die Chefköche und Liebhaber aus aller Welt kaufen. Unser Stahl und unsere Klingen haben sich, vor allem in den letzten Jahren, einen Namen gemacht, der weltweit bei Kennern Erstaunen hervorruft.

Derzeit arbeiten in unserer Brennerei insgesamt sechs Personen. Mein Vater, Onkel, Großvater, Bruder, ich und ein Angestellter, der den Job bekam, weil die Brennerei, bevor mein Bruder und ich aushelfen konnten, nicht genug Arbeitskräfte besaß, um die benötigten Mengen herzustellen.

Dieser Angestellte war Kazuo Kobayashi, ein 30-jähriger Mann, der in den sieben Jahren, die er mittlerweile in der Brennerei arbeitete, seine Fähigkeiten immer weiter perfektioniert hatte. Er genoss stets großes Vertrauen bei meinem Großvater und wurde beauftragt, die Qualität des Eisensandes und den Ofen selbst zu prüfen, außerdem bekam er sogar Schlüssel zu dem Gebäude. Ein Luxus, der nicht einmal mir und meinem Bruder gewährt wurde. Zumindest noch nicht.

Was ich damit deutlich machen möchte, ist, dass bei uns nur Leute arbeiten, denen mein Großvater vertrauen kann und von denen er weiß, dass sie diese uralte Kunst beherrschen.

Wie es Tradition ist, wird auch nur zweimal im Jahr Stahl hergestellt, den Rest des Jahres arbeiten wir mit anderen Materialien oder stellen aus unserem bereits gefertigten Stahl Messer und andere Gegenstände her.

Nun war es Anfang Februar an der Zeit gewesen, dass wieder Stahl gebrannt werden sollte. Die Tage und Wochen der Vorbereitung waren immer unfassbar aufregend. Täglich wurde der gesamte Ofen geprüft, tagsüber prüfte mein Großvater alles und nachts, wo man hauptsächlich kontrollieren musste, dass sich die Lehmschale nicht wellte oder Risse bekam, übernahmen mein Vater oder Kazuo die Prüfung.

Insgesamt einen Monat, seit Anfang Januar, war die Prüfung und Beschaffung aller Materialien im vollen Gange gewesen, doch in dieser Zeit bemerkten wir alle eine beunruhigende Veränderung, die den gesamten Prozess gefährdete.

Denn bereits im Dezember des vergangenen Jahres hatte der frisch verheiratete Kazuo mit seiner Ehefrau Aiko ein Kind bekommen. Die beiden waren während der Schwangerschaft überglücklich gewesen, sprachen ständig über das noch ungeborene Baby, das später als Mädchen namens Yumi das Licht der Welt erblickte.

Obwohl dies natürlich eine wundervolle Neuigkeit war, freuten sich nicht alle über die Nachricht so sehr wie ich und mein Bruder. Sowohl meinem Großvater als auch meinem Vater war diese Schwangerschaft ein Dorn im Auge. Natürlich konnten sie es Kazuo nicht verbieten, aber ich hörte meinen Großvater zu Hause häufig schimpfen, dass Kazuo damit die Produktion gefährde. Vermutlich hatte er Angst, dass die Erschöpfung in den ersten Monaten der Vaterschaft, in der man nachts vom Kind geweckt wird und wenig Schlaf und Ruhe bekommt, Kazuos Leistung beeinflussen würde. Mein Bruder und ich taten das Ganze als irrationale Sorge ab, doch später mussten wir feststellen, dass mein Opa nicht ganz Unrecht hatte.

Am 20. Dezember kam Yumi zur Welt und da die christlichen Feiertage, die viele vermutlich mit der Dezemberzeit verbinden, für uns eine untergeordnete Rolle spielen, mussten wir selbstverständlich arbeiten.

Auch Kazuo kam nach fünftägiger Pause wieder wie gewohnt zur Arbeit. In den ersten Tagen nach der Geburt, quasi den ganzen restlichen Monat, war er voller Lebensfreude. Natürlich war er manchmal müde und gähnte ab und zu, aber er wirkte so glücklich und gab weiterhin 100 Prozent bei der Arbeit. Doch als die Tage und Wochen vergingen, sahen wir alle, dass sein Zustand sich sichtlich verschlechterte. Zunächst fing es damit an, dass er dunkle Augenringe bekam, ein erwartbarer Zustand, doch einhergehend damit bemerkten wir auch, dass er immer weniger mit uns sprach. Am Anfang hatte er ununterbrochen von seiner Tochter geredet, so viel, dass es uns schon manchmal nervte, doch das reduzierte sich zunehmend. Auch sein Äußeres veränderte sich stark, der sonst so gepflegte Kazuo war plötzlich völlig zerzaust. Die Kleidung war dreckig und zerknittert, die Augenringe hatten sich zu tiefen, beinahe schwarzen Furchen verwandelt und er verlor sichtlich an Gewicht. Immer wieder driftete er bei der Arbeit gedanklich ab, wirkte abwesend, fast schon lethargisch. Manchmal schien es so, als würde er nur zu uns kommen, um in der Werkstatt mit offenen Augen zu schlafen.

Häufig wurde mein Großvater extrem wütend darüber, schrie ihn mehrfach an, was Kazuo allerdings wenig beeindruckte. Erst wenn mein Opa ihm sagte, er solle gefälligst nach Hause gehen, weil er mal wieder völlig neben sich stand, schienen seine Worte etwas auszulösen. Denn wenn Kazuo nach Hause gehen sollte, wurde er extrem traurig. Dann flehte und bettelte er geradezu, bleiben zu dürfen, versicherte, dass es ihm leidtäte und er sich bessern werde. Und auch an „guten" Tagen hatte ich das Gefühl, dass er gar nicht so recht nach Hause wollte, denn nach Schichtende blieb er häufig länger.

Wir gaben unser Bestes mit den Vorbereitungen und schafften es, trotz aller Widrigkeiten den angesetzten Zeitplan größtenteils einzuhalten. Doch dann, am 25. Januar, zehn Tage bevor wir mit dem Brennen anfangen wollten, erfuhren wir von Kazuo, dass seine Ehefrau Aiko verstorben war.

Mir und meinem Bruder wurden keine weiteren Informationen zuteil. Ich dachte, dass sie vielleicht an Komplikationen verstarb, die nach der Schwangerschaft auftraten, doch so wie ich aus den Gesprächen meines Vaters mit meinem Großvater heraushörte, schien Selbstmord der Grund gewesen zu sein. Ich habe schon häufiger von Wochenbettdepressionen gehört. Soweit ich weiß, leiden viele Mütter im ersten Jahr nach der Schwangerschaft unter plötzlich auftretenden Depressionen, und offenbar gehörte Aiko dazu. Sie war immer ein sehr lebensfroher Mensch gewesen, doch diese Depressionen können brutal sein. Zu wissen, dass ich sie nie wieder sehen werde, und zu wissen, dass Kazuo nun mit seiner Tochter ganz alleine war, stimmte mich unsagbar traurig.

Ich hatte damit gerechnet, dass mein Großvater wütend werden und weiterhin nur an seinen Stahl denken würde, doch zu meiner Überraschung empfahl er Kazuo, so lange zu Hause bei seiner Tochter zu bleiben, wie er es für richtig erachtet. Er sagte ihm sogar, dass er die Produktion gänzlich vergessen sollte und es auch noch ein nächstes Mal geben werde.

Mein Opa meinte es wirklich gut mit Kazuo, doch dieser weigerte sich vehement, das Angebot anzunehmen. Er fiel vor meinem Großvater auf die Knie und beteuerte, dass er eine Haushälterin engagieren würde, die sich um das Kind kümmern werde. Er versprach, dass er keinen Tag verpassen und auch bei dem Brennprozess dabei sein würde.

Normalerweise hätte jeder vernünftige Geschäftsführer Kazuo für verrückt erklärt und ihm verboten, zur Arbeit zu erscheinen, doch mein Großvater war anders. Entweder weil er dringend dessen Unterstützung brauchte oder weil Ablenkung die beste Medizin ist, gestattete er ihm, weiterhin zur Arbeit zu erscheinen. Mit allen Privilegien, die er auch zuvor genoss.

Ich denke, dass ich nicht erwähnen muss, dass Kazuos Gesundheits- sowie Geisteszustand sich nicht verbesserten. Nach Aikos Tod wurde alles nur viel schlimmer, doch niemand wollte ihn drauf ansprechen.

Und dann war es endlich so weit, der 4. Februar war angebrochen und damit fing der Prozess des Brennens an. Bereits in der Nacht entfachte Kazuo die Flammen in den Kammern des Ofens. Die Lehmschale war zu einem Viertel mit Eisensand gefüllt und wurde von einem schweren Tondeckel verschlossen, der lediglich eine Öffnung zum Nachfüllen von Sand besaß.

Als ich die Brennerei betrat, hörte ich bereits das altbekannte Kreischen des Feuers, das Knacken und Brechen des Holzes und das Pfeifen des Windes, der durch den Ofen rauschte. Eine regelrechte Kakofonie an Geräuschen, die ich nun seit Jahren bestens kannte.

Die Nervosität und Anspannung war deutlich zu spüren. Und dann begannen wir mit dem zweitägigen Prozess.

Wir gingen genau nach Plan vor. Mein Großvater wies uns an und wenn er sich hinlegte, um ein paar Stunden Schlaf zu bekommen, übernahm mein Vater seine Rolle. Wir alle schliefen maximal drei Stunden, bevor wir weiter am

Stahl arbeiteten. Immer wieder mussten wir die Luftzufuhr anpassen, die Flammen höher entfachen, den Lehmdeckel vorsichtig verschieben. Ein Prozess, bei dem alle mithalfen, um dann den Inhalt mit einem speziellen Stab umzurühren.

Doch natürlich ging nicht alles glatt. Immer wieder geschahen Fehler, die meisten aufgrund von Kazuos Unachtsamkeit. Aber während er sonst in den letzten Wochen abwesend erschienen war, war er an diesem Tag irgendwie zu fokussiert. Sein Blick war durchgehend auf den Ofen gerichtet, nahezu versessen starrte er auf das Lehmgebilde und schien dabei die Befehle meines Opas zu überhören. Mehrfach musste er angeschrien werden, damit er aus seinem tranceähnlichen Zustand ausbrach und seinen Job erfüllte.

Als er mit seinem dreistündigen Schlaf an der Reihe war, sagte er nur, dass er es mittlerweile gewohnt sei, wach zu bleiben.

Während der Eisensand im Inneren des Ofens ist, gibt es keine Möglichkeit, ihn auf seine Qualität zu überprüfen. Den Deckel komplett zu heben, um einen Blick hineinzuwerfen, wäre für das Endergebnis katastrophal, da die Temperatur unweigerlich schwanken würde und die Luftzufuhr außer Kontrolle geriete. Erst wenn der fertige Stahl abgegossen wird, können wir sehen, ob alles funktioniert hat. Ob die Qualität erstklassig ist oder uns schwerwiegende Fehler unterlaufen sind. Das heißt aber nicht, dass wir gänzlich unwissend vorgehen. Mein Großvater und auch mein Vater, in gewisser Weise, sind in der Lage, anhand der Geräusche, die aus dem Ofen kommen, zu erkennen, ob alles gut ist.

Mein Vater versuchte es mir einmal zu erklären, doch ich hatte noch nicht das nötige Feingefühl dafür entwickelt. Er meinte aber, dass das Pfeifen aus dem Ofen sich in der Tonhöhe verändere und man daran hören könne, ob alles funktioniert. Ich selbst höre es zwar, wenn das Pfeifen sich verändert, doch ich kann nicht sagen, wann genau es ein gutes und wann ein schlechtes Pfeifen ist. Doch immer wenn die

Tonhöhe variierte, warf ich einen Blick zu meinem Großvater und konnte an seinem Gesicht ablesen, ob alles gut lief oder eben nicht.

Nach gut 30 Stunden, einer Zeit, nach der der gesamte Inhalt eigentlich geschmolzen sein sollte und normalerweise mehr Eisensand nachgegeben wird, passierte etwas, das weder ich noch der Rest meiner Familie jemals erlebt hatte. Das Pfeifen wurde plötzlich höher, aber nicht nur das, es änderte auch komplett den Klang und wurde immer und immer lauter. Ich sah meinem Großvater an, dass etwas ganz und gar nicht stimmte. Er befahl meinem Vater, die Luftzufuhr zu verringern, doch auch dies half nicht. Die Intensität des Pfeifens, das mittlerweile eher wie ein Kreischen klang, wurde immer stärker. Mein Opa probierte alle Handlungsoptionen aus, die ihm zur Verfügung standen, doch nichts funktionierte. Mittlerweile war das Kreischen so unvorstellbar laut geworden, dass es richtiggehend in den Ohren schmerzte. Es stand außer Frage, dass auch meine Familie so etwas noch nie zuvor erlebt hatte. Zum ersten Mal sah ich absolute Ratlosigkeit und Panik im Gesicht meines Großvaters.

Das Geräusch wurde so unerträglich, dass wir nicht umhinkamen, uns die Ohren mit den Händen zuzuhalten. Wir pressten die schmutzigen und schmerzenden Handflächen auf die Ohren, doch sie schafften es nicht, den Ton zu ersticken.

Das Kreischen war markerschütternd, durchzog einen jeden von uns und vibrierte durch unsere Leiber. Mein Blick wanderte im Raum umher, auf der Suche nach einer Lösung, bis ich etwas sah, das mich schockierte. Während wir alle versuchten, das schreckliche Geräusch auszublenden, sah ich, wie Kazuo einfach nur auf dem Boden saß und weinte.

Ich vermutete, dass er sich selbst die Schuld für diese Situation gab, dass er Panik hatte, dass der Stahl misslang.

Doch diese Vermutung sollte sich schnell als falsch erweisen.

Denn als wir einige Minuten krampfhaft versuchten zu retten, was nicht zu retten war, traf mein Opa eine drastische Entscheidung. Er schrie uns etwas zu, dass wir bei dem

Geräuschpegel des Ofens kaum verstehen konnten, aber seine Handsignale waren eindeutig.

Obwohl es eigentlich noch mindestens 20 weitere Stunden hätte dauern sollen, wies Großvater uns an, den Prozess abzubrechen.

Ohne zu zögern, ließen wir den flüssigen Stahl aus dem Ofen in einen gesicherten Bereich aus Sand fließen. Da dies die Geräusche aber nicht verstummen ließ, sondern sie im Gegenteil noch klarer wurden, griffen wir unsere Hämmer und rissen die Lehmschale ein, um den gesamten Druck aus dem Inneren entweichen zu lassen und damit hoffentlich auch den Lärm zu beenden.

Alle beteiligten sich daran, den Ofen zu zerstören, nur einer hielt sich zurück. Kazuo saß weiterhin auf dem Boden und weinte, das Gesicht in seinen Händen vergraben. Zwar konnte ich das Schluchzen nicht hören, doch ich sah an seinen Bewegungen, dass er nahezu schmerzverzerrt heulte.

Und dann passierte es. Nach einigen heftigen Schlägen brachen die Wände des Ofens auseinander. Ein helles Glühen von geschmolzenem Eisensand und heiße Flammen strahlten uns entgegen, als wir sahen, woher die schrecklichen Geräusche kamen.

Inmitten der glühenden Substanz, für die wir uns so viel Mühe gaben, für die wir Schweiß und manchmal Blut ließen und die unseren Lebensunterhalt bestimmte, lag etwas.

Wir sahen ein nacktes, weinendes und bitterlich kreischendes Baby, das sich in den Resten des Stahls räkelte. Mit geschlossenen Augen lag es im 800 Grad Celsius heißen Ofen und schrie sich die Seele aus dem Leib. Das Gesicht des Kindes war vom Brüllen völlig verzerrt, überall schlug es Falten und hätte mir jemand gesagt, dass dieses Gesicht einem Dämon gehöre, dann hätte ich der Person geglaubt. Wie konnte es das überlebt haben?

Ungläubig starrten wir auf dieses Bündel Elend. Tausende Fragen stellten sich uns. Doch ein Blick zum angsterfüllten und beschämten Kazuo genügte, um zu wissen, wessen Baby wir gerade vor uns hatten.

Mit dem Stab, den wir sonst nutzen, um den wertvollen Inhalt umzurühren, schoben wir das Kind aus dem Inneren der zerbrochenen Lehmschale heraus, kühlten es mit einem Eimer Wasser auf Raumtemperatur herunter und schafften es, die Schreie zwar nicht zu unterbinden, aber zumindest zu verringern.

Erst als mein Bruder mit dem Kind in einen anderen Raum ging, erklärte Kazuo, was passiert war.

Als Aiko das Kind zur Welt brachte, passierte etwas, das noch kein Arzt zuvor erlebt hatte. Bereits im Bauch der Mutter schien es zu schreien, etwas, das eigentlich nicht möglich war. Als wäre das Kind in dauerhaftem Schmerz, schrie es seit der Geburt ununterbrochen, beinahe so, als würde es nicht darüber hinwegkommen, auf die Welt gebracht worden zu sein. Die Ärzte waren ratlos, doch Kazuo und Aiko vermuteten zunächst, dass es sich bei ihrem Kind eben einfach um ein Schreibaby handelte – ein Baby, das sich viel und lautstark bemerkbar macht.

Egal was sie versuchten, das Kind hörte nicht auf zu brüllen. Jede Person, die die beiden um Hilfe baten, verschwand nach einigen Tagen, da sie es einfach nicht aushielten, und auch auf die mentale Gesundheit der Eltern hatten die Schreie eine verheerende Wirkung. Kazuo gab zu, dass er und Aiko so verzweifelt waren, dass sie mehrfach versucht hatten, Yumi zu töten. Sie hatten versucht, das Kind mit einem Kissen zu ersticken, jedoch ohne Erfolg. Die Schreie wurden lediglich lauter! Egal was sie probierten, Schütteln, Messer, Schläge, alles scheiterte. Ich kann mir nicht vorstellen, wie sehr man am Ende seiner Kräfte sein muss, um zu solchen Maßnahmen zu greifen. Kazuos Beschreibung verdeutlichte, was wir alle schon längst bemerkt hatten. Irgendetwas stimmte mit diesem Kind ganz und gar nicht.

Aiko war irgendwann mit ihren Nerven so am Ende gewesen, dass sie sich entschied, den Schreien ihres Kindes endgültig zu entfliehen und sich im Wohnzimmer am Deckenventilator den Strick um den Hals legte. Alles, während Yumi neben ihr auf dem Sofa lag und schrie.

Kazuo beichtete, dass er in dem Moment, wo er Aiko dort hängen sah, Eifersucht verspürt hatte. Er wollte auch diese Freiheit, die sie sich genommen hatte, doch als er ihr Gesicht sah, wurde ihm etwas klar. Ihr Gesichtsausdruck war schmerzverzerrt. Nicht von dem Seil und dem plötzlichen Ruck am Genick, sondern es wirkte eher so, als könnte sie das Kreischen ihres Kindes weiterhin hören.

Die letzte Chance, das Kind zu beseitigen, ohne Spuren zu hinterlassen, schien für Kazuo unser Ofen. Er hoffte, dass diese unsagbare Temperatur und die Flammen Yumi entweder verbrennen würden oder sie in flüssigem Stahl einschlossen. Daher war er in der Nacht, als er den Ofen anfeuerte, so weit gegangen, dass er alleine den schweren Tondeckel mit aller Kraft beiseitezog und seine eigene Tochter unter schweren Eisensandschichten beerdigte. So lange, bis die Schreie kaum noch hörbar waren.

Wir sprachen gut eine Stunde über alles und obwohl er uns anvertraute, dass er sein eigenes Kind ermorden wollte, hatten wir Verständnis und Mitleid. Naiv, wie wir waren, boten wir ihm unsere Hilfe an. Mein Opa schlug sogar vor, dass man das Kind zu einem Tempel bringen sollte, um den bösen Geist im Inneren auszutreiben. Doch als nach knapp einer Stunde mein Bruder zu uns zurückkam, mit dem schreienden Baby im Arm, sah ich bereits die dunklen Ringe, die sich langsam unter seinen Augen bildeten.

Ich weiß nicht, was dieses Kind ist, doch ich weiß, dass wir ihm nicht gewachsen sind.

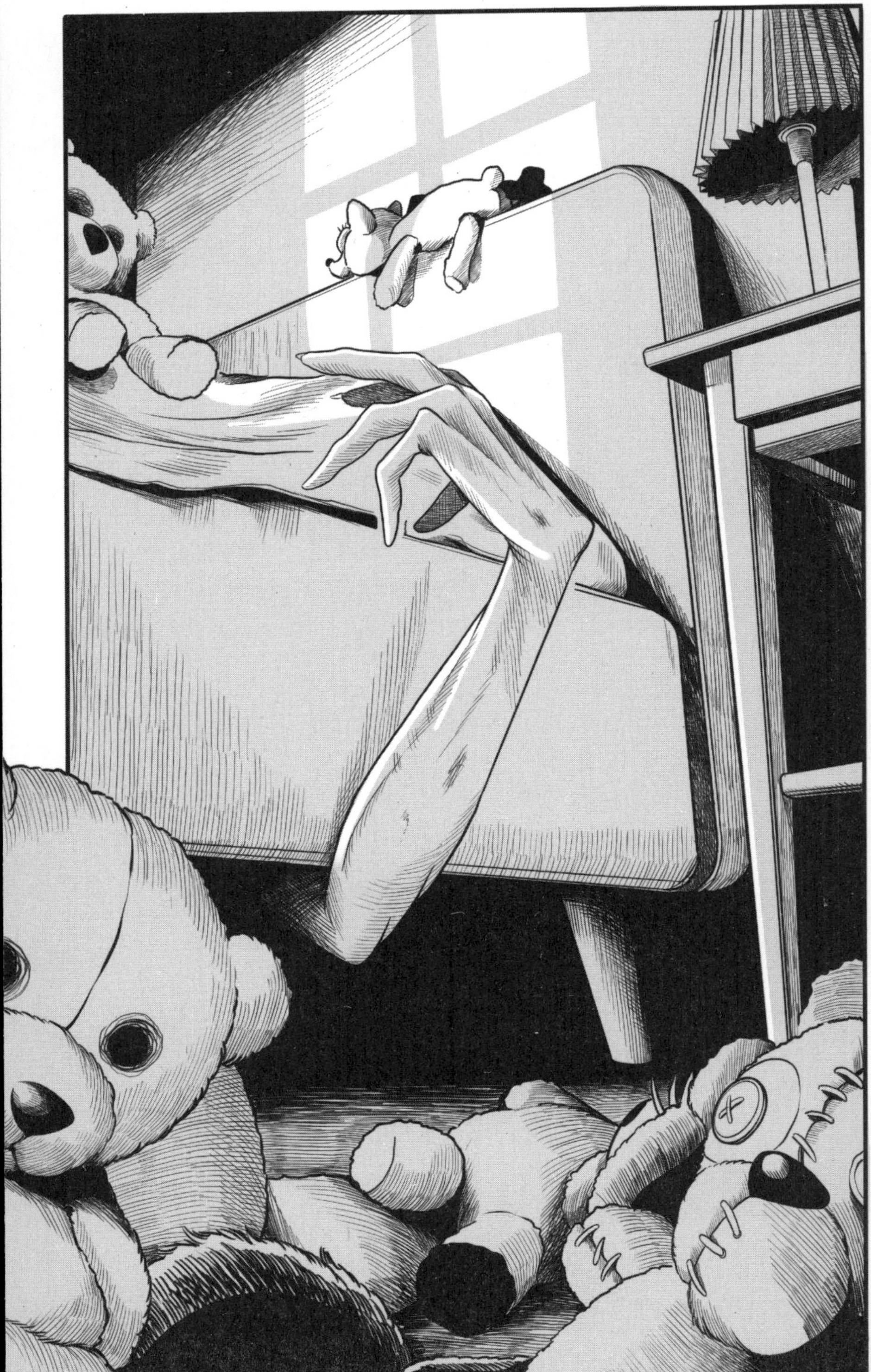

ALLEIN

Es war bereits spät am Abend. Das Licht des Vollmonds schien durch das leicht geöffnete Fenster ins Schlafzimmer von Kumiko. Oder auch Kumi, wie sie von ihren Freunden genannt wurde. Ich schaute mir die schwach angeleuchtete Collage über dem Bett an. Über ihr war die Aufschrift „Für Kumi zum 18. Geburtstag <3" zu lesen und vier Freundinnen waren in vielen verschiedenen Posen auf Polaroidfotos zu sehen. Sie grinsten in die Kamera, machten einen Kussmund und umarmten sich. Ich musste unwillkürlich lächeln bei dem Gedanken, wie kitschig dieses Geschenk doch war, andererseits war es eine Erinnerung an schöne und unbeschwerte Zeiten, die nun schon Jahre her sind. Diese Zeiten waren unwiederbringlich vorbei.

Das Gefühl der Wärme, welches die freundschaftlichen Fotos hervorriefen, wurde wieder durch die Kälte des Alleinseins geschluckt. Diese Tage, ebenso wie der Kontakt zu anderen Menschen, waren weit entfernt und ich war alleine. Ganz alleine.

Der Wunsch nach Gesellschaft hielt mich täglich wach. Ich habe schon seit Wochen keinen Menschen mehr gesehen. Und auch wenn die Uhr bereits 23:34 anzeigte, war es an einem Samstagabend noch nicht zu spät, um sich etwas Gesellschaft zu verschaffen. Ich griff das Handy neben dem Nachttisch, scrollte die Kontaktliste durch und klickte auf den Kontakt von Miya, meiner besten Freundin. Mein Finger drückte vorsichtig auf das grüne Hörersymbol und der Anruf wurde gestartet.

„Hey, Kumi!" Am anderen Ende war die Stimme einer bereits leicht lallenden jungen Frau zu hören. *„Kannst du etwa wieder nicht schlafen, wegen dem Fieber?"*, fragte sie.

Ich brachte nur ein zögerliches „Ähm" heraus. Fieber ist etwas Höllisches, da es einem Lebewesen die Kontrolle über den eigenen Körper nimmt und die Hitze das eigene Gehirn von innen heraus zerfrisst. Zumindest wenn man nichts dagegen unternimmt.

„Alles gut?", wollte sich Miya am anderen Ende des Hörers

vergewissern. Trotz ihres Alkoholpegels klang sie plötzlich klar. Sie machte sich wohl Sorgen.

„Alles gut", versicherte ich mit kratzender Stimme. Ich versuchte, möglichst normal zu klingen. „Ich wollte nur deine Stimme hören. Ich vermisse euch einfach."

„Ach, Süße", begann Miya. *„Schon dich lieber noch etwas, du klingst gar nicht gut. Aber bald kannst du auch wieder dabei sein. Versprochen."*

„Es würde mir helfen, wenn du mich mal besuchen würdest", sagte ich auffordernd und gab weiterhin mein Bestes, mit normaler Stimme zu sprechen. Das Letzte, was ich wollte, war, dass Miya anfing, sich unnötig Sorgen zu machen. „Wie wär's mit morgen Abend?"

„Morgen bin ich bei dir, Kumiko. Versprochen. Wenn bis dahin etwas ist, ruf mich einfach an!"

Ich bedankte mich, murmelte noch eine Abschiedsfloskel und drückte anschließend den roten Hörer auf dem Display. Ich freute mich wirklich sehr über den anstehenden Besuch von Miya und fühlte mich dadurch schlagartig wieder besser.

Dieses Gefühl der Einsamkeit würde ich noch bis morgen aushalten. Euphorisiert durch die gute Nachricht ging ich zum Fenster und schaute nach draußen. Ich liebte die Nacht. Eine Zeit, in der man unbeobachtet von den Augen anderer ist und trotzdem die Schönheit dieser Welt betrachten kann.

Der heutige Vollmond machte sie besonders schön. Die kühle Luft der Dunkelheit streichelte über mein Gesicht und ich atmete tief durch. Mit geschlossenen Augen versuchte ich, den Moment zu genießen. Es war der erste Jahrestag, seit es passiert war, der erste Jahrestag, nachdem aus vier Freundinnen nur noch drei geworden waren.

Ich sehe es noch so lebhaft vor mir, die Wut, den Hass und ich höre immer noch die Worte in meinen Ohren klingen. „Vielleicht sollte man die Finger vom Freund einer guten Freundin lassen, Ayano!" „Das ist unverzeihlich, Ay!" „Ich hasse dich so sehr! Hideaki gehört mir! Fahr zur Hölle!"

Die Taten dieser Nacht ließen mir keine Ruhe, ich fragte mich oft, ob es richtig gewesen, ob es berechtigt war. Natürlich ist es schrecklich und unverzeihlich, einer Freundin den Freund auszuspannen, das ist klar, und Sonia war rasend vor Wut gewesen, doch ein Menschenleben deswegen zu beenden ... Keine Frage: Was damals passierte, war zu hart. Wehmütig blickte ich zum Mond und merkte, wie meine Brust sich zusammenschnürte, während ich in den Erinnerungen versank. 43 Schläge, 17 Tritte und fünf Messerstiche hatte es gebraucht, bevor eine 19-jährige Frau ihren letzten Atem aushauchte. Bis ihr Körper bleich und unweigerlich kalt wurde. Bis ihr kräftiges Herz aufhörte zu schlagen. Und das alles nachts in Sonias Garten.

Ich fragte mich, wie es sein konnte, dass nach einem Jahr immer noch niemand herausgefunden hatte, was damals passiert war. Aber ohne eine Leiche gab es auch keine Hinweise und wer würde schon den Garten einer Schülerin umgraben, die sonst nur durch schulische Bestleistungen, ehrenamtliche Arbeit und als eine der engsten Freundinnen des Opfers, Ayano Satō, bekannt war.

Die Polizei tappte im Dunkeln, falls sie überhaupt noch suchten. Und allem Anschein nach hatte Hideaki bis heute die Klappe gehalten und keinen Verdacht bei der Polizei geäußert. Mein Blick wanderte zu der Trauerweide im Garten und ich beobachtete, wie die im Wind tanzenden Blätter vom Mondlicht funkelnd angeschienen wurden.

„So schön“, seufzte ich und schloss die Augen. Als ich die frische Nachtluft durch meine Nase einsog, hörte ich, wie das Bett hinter mir quietschte. Sofort riss ich die Augen so weit auf, wie ich nur konnte. Es klang, als hätte sich etwas beim Bett bewegt. Oder etwa darunter?

Vorsichtig drehte ich mich von der Fensterbank weg und blickte auf das pink bezogene und so friedlich aussehende Bettchen. Ich sah nichts, nur eine zerwühlte Decke und ein verrutschtes Kopfkissen.

Auf leisen Sohlen schlich ich rüber. „Hallo, ist da jemand?“, fragte ich kratzend in die Dunkelheit hinein. Wie erwartet bekam ich keine Antwort.

Doch beim Lauschen hatte ich das Gefühl, ein Atmen zu hören. Ein langsames, stockendes und schweres Atmen. Und es klang beinahe so, als käme es von direkt unterm Bett.

Ich griff zum Handy und schaltete die Taschenlampenfunktion ein. Langsam beugte ich mich hinunter und richtete das Licht über den Boden.

Ich sah einen alten roten Rucksack sowie dicke Staubflusen, die sich seit Monaten gesammelt haben mussten. Nichts Ungewöhnliches.

Doch was war das am oberen Ende der Tasche? Ich sah etwas Schwarzes, das kaum zu erkennen war. Vorsichtig streckte ich meinen Arm aus und streichelte mit den Fingerspitzen, die gerade so dorthin reichten, über das schwarze Etwas.

Die Konsistenz war irgendwie faserig.

Waren das etwa … Ich überlegte. Waren das etwa schwarze Haare?

Das Licht der Taschenlampe war nur schwach, zu schwach, um sicherzugehen, was sich dort verbarg. Daher entschloss ich mich, weiter unters Bett zu rutschen und nachzusehen. Mein Verstand spielte mir vielleicht einen Streich, doch meine Neugierde wurde geweckt. Ich robbte näher an den unbekannten Gegenstand unter dem tiefen Bett heran und streckte erneut meine Hand danach aus.

Meine Finger und Handfläche berührten etwas Weiches. Es fühlte sich dünn an. Fettig und … strähnig? Genau wie ungewaschene Haare! Mein Verstand hatte mir also doch keinen Streich gespielt!

Der Kopf zog sich blitzartig zurück und der dazugehörige Körper rollte sich unter dem Bett hervor. Ich konnte kaum etwas erkennen, außer dass es sich um eine dünne Gestalt handelte, die gerade, trotz ihrer recht zierlichen Füße, polternd aus dem Zimmer rannte.

Ich versuchte, mich so schnell wie möglich aus dem engen Spalt zwischen Bett und Boden zu befreien. Die Gestalt war schneller als ich. Wo lief sie hin? In die Küche, um mich mit einem Messer bewaffnet zu erstechen? Ich zog mich unter dem Bett hervor und begann langsam meinen Gang durch die Wohnung. Die Tür zum Wohnzimmer war geschlossen, und da ich keine ins Schloss fallende Tür gehört hatte, ging ich davon aus, dass die Gestalt diesen Weg nicht gewählt hatte.

Wo ist sie nur hingelaufen? Es gab keinen Ausweg aus dieser Wohnung, die sich im dritten Stock eines neu gebauten Mehrfamilienhauses befand. Die Fenster führten viele Meter in die Tiefe und die Wände waren so dick, dass wohl kaum ein Nachbar die Schreie meiner Stimme hören dürfte, die ohnehin kaum noch Lautstärke hatte. Wenn sie durch die Haustür gerannt wäre, hätte ich die schwere Tür definitiv gehört.

Nur das Handy in meiner Hand konnte noch eine Rettung sein.

Die einzige offene Tür, die ich sehen konnte, führte in die Küche. Ich betrat vorsichtig den Raum.

„Wer ist da?“, fragte ich leise und versuchte, meine raue Stimme möglichst freundlich klingen zu lassen. Erneut bekam ich keine Antwort, doch ich konnte genau das schwere Atmen vernehmen, das ich zuvor bereits im Schlafzimmer gehört hatte. Aufmerksam ließ ich meinen Blick durch den Raum schweifen, bis ich zu meiner Linken etwas sah, das mir einen Schrecken einjagte.

Eine grässliche Fratze starrte mich aus der Dunkelheit heraus an. Die Haut war bräunlich und hatte überall Löcher und offene Wunden. Die Augen waren gelb und so weit aufgerissen, dass es wirkte, als hätte dieses Gesicht, wenn man es überhaupt so nennen mochte, keine Augenlider mehr. Es sah aus, als wären die Lippen ausgefranst und teilweise abgefressen, und darunter zeigte sich nur ein blutiges Gebiss, von dem sich das Zahnfleisch immer weiter zurückzog und aus dem manche Zähne bereits herausgefallen waren. Ein paar einzelne Strähnen schwarzer Haare befanden sich noch auf dem Kopf, während ansonsten die Schädeldecke von

Aushöhlungen und getrocknetem Blut geprägt war. Es war ein scheußlicher Anblick, der mich für einen Moment wirklich überraschte.

„Normalerweise bin ich nur bei Neumond unterwegs, da bleibt mir der Anblick meiner hässlichen Fratze eigentlich erspart“, rief ich in die Wohnung hinein, während mein Blick weiterhin auf den großen Spiegel in der Küche gerichtet war, der mein Antlitz leider perfekt reflektierte. „Du hast mich wirklich erschreckt, Kumi. Aber ich hatte gehofft, dich hier zu treffen.“

Keine Antwort.

Langsam schlich ich weiter durch die Küche und näherte mich dem ängstlichen, verschnupft klingenden Atmen, das eindeutig unter dem Küchentisch hervorkam.

„Ich war so allein, Kumi, und es war so kalt“, röchelte ich und versuchte nicht einmal mehr, meine zerstörte und verfaulte Stimme freundlich klingen zu lassen. Es gab hier niemanden, dem ich etwas vorspielen musste.

Am Tisch angekommen, sprang Kumiko unter dem Tisch hervor und kauerte sich ängstlich in eine Ecke.

„Was zur Hölle bist du?“, schrie sie mit ihrer kränklichen Stimme und es fühlte sich an wie ein Stich in mein Herz.

„Hast du mich nach einem Jahr schon vergessen?“, fragte ich und zwang ein Lächeln auf meine abgefaulten Lippen. Anhand ihres Gesichtsausdrucks wusste ich, dass sie mich erkannte, auch wenn ich vielleicht nicht mehr wie Ayano aussah. Die Monate, die ich im Garten vergraben verbracht hatte, in denen Maden mir durch die Haut krochen, hatten mein Aussehen nahezu unkenntlich gemacht. Erst dank eines starken und lang anhaltenden Regenschauers schaffte ich es, mich aus der feuchten und nun weichen Erde zu erheben und in den Wald unserer Stadt zu flüchten.

Kumiko fing an, aus ganzer Kraft nach Hilfe zu rufen, doch mit einem Sprung war ich bei ihr und legte meine knöchrigen, von Hautfetzen bedeckten Hände an ihren Hals und drückte zu. Der von Grippe geschwächte Körper leistete kaum Widerstand. Und dann, nach wenigen Minuten, verschwand jegliche Regung aus ihrem Körper und sie fiel in sich zusammen. Einen Moment lang starrte ich auf ihren leblosen Leib, auf ihr Gesicht, das einen Ausdruck puren Terrors zeigte, genau wie mein Gesicht damals.

Es war wieder still geworden und ich war mit meinen Gedanken erneut allein. Dann riss mich das vibrierende Geräusch des Handys, das ich auf den Küchentisch gelegt hatte, aus meinem tranceähnlichen Zustand.

Ich entsperrte es mit Kumikos Code, den ich schon Hunderte Male gesehen hatte und den sie glücklicherweise auch nach einem Jahr nicht verändert hatte.

Neugierig las ich mir die eingegangene Nachricht von Miya durch.

„Ich freue mich auf morgen, Sonia kommt auch! Gute Besserung!“

Gerade war ich allein, aber bis morgen werde ich wohl warten können.

RATTEN-EXPERIMENT

Was ist richtig und was ist falsch?

Jeder von uns hat seinen eigenen moralischen Kompass, der ihn leitet. Während dieser Kompass bei manchen Menschen einem Gesetzbuch gleicht, ist er bei anderen mehr eine grobe Empfehlung.

Eigentlich würde ich sagen, dass ich ein sehr gefestigtes Moralempfinden habe. Ich würde niemandem etwas antun wollen, das ich nicht auch mir selbst zumuten würde, doch eine Sache, die ich als richtig empfinde, ist, dass man manchmal einigen wenigen Menschen Leid zufügen sollte, wenn dieses Leid wiederum dafür sorgt, dass mehr Menschen geholfen werden kann. Das Leid weniger wird in meinen Augen durch die Errettung vieler erträglich und diese Ansicht vertrat ich offen.

Es ist letztlich das bekannte „Trolley-Problem“: Eine Bahn fährt auf eine Abzweigung zu, auf der einen Seite der Weiche sind drei erwachsene Menschen an den Schienen angebunden und auf dem anderen Gleis ein Kind, man selbst muss entscheiden, wo der Zug entlangfahren soll. Während manche Menschen das Kind retten würden, wäre meine Entscheidung klar. Je mehr Leben von meiner Entscheidung profitieren können, desto besser. Daher würde ich die Erwachsenen retten.

Ihr müsst wissen, ich war nach einigen Jahren, in denen ich an verschiedenen Universitäten unterrichtet hatte, in die Forschung gegangen. Bei meinen wissenschaftlichen Vorträgen und auch in Interviews mit örtlichen Nachrichtenmagazinen, die meine neusten Forschungsstände in wenigen Zeilen auf irgendeiner hinteren Seite der Zeitung druckten, erwähnte ich oft, dass ich der Meinung bin, dass das Leid einiger weniger ethisch vertretbar ist, wenn mehrere dadurch gerettet werden können. Es war eine kontroverse Sichtweise, auch unter meinen Kollegen. Die meisten interpretierten meine Aussagen zur Medizinethik so, dass ich für Tierversuche oder Ähnliches wäre, doch meine Ideen und Vorstellungen begrenzten sich nicht auf Tiere. Ich war der Meinung, dass Experimente an Menschen wieder gestattet sein müssten, damit man die

Auswirkungen von Medikamenten oder Umweltveränderungen perfekt messen kann. Tierversuche ermöglichen lediglich einen kleinen Einblick, wie sich gewisse Dinge auf den menschlichen Organismus auswirken könnten, doch wirklich wissen tut man dies erst, wenn man das gleiche Experiment am Menschen versucht. So drastisch hätte ich meine Sichtweise niemals öffentlich machen dürfen, sofort hätten sich alle Geldgeber und Interessenten abgewandt und auch staatliche Förderung hätte ich vergessen können. Seit den Verbrechen, die im Nationalsozialismus begangen wurden, ist aus menschlichen Versuchsobjekten ein Tabuthema geworden und wie ich finde, sorgt dies für einen Rückgang in wissenschaftlichen Fortschritten.

Noch heute schauen wir auf die Menschenexperimente der Vergangenheit zurück, wir sagen immer wieder, wie schrecklich, grausam und unmenschlich sie waren, und lassen dann in einem Nebensatz fallen, dass wir trotzdem wichtige Erkenntnisse bis heute aus ihnen ziehen. Versteht mich nicht falsch, die Experimente zu Kriegszeiten waren unmenschlich und grausam und dienten nicht mal einem nachhaltigen Zweck, ich will nicht alle Menschenexperimente rechtfertigen. Doch um die Jahre 1950 und 1960 herum gab es auch Verhaltensexperimente, die an Häftlingen durchgeführt wurden, die uns zeigten, wie der Mensch beispielsweise in Notsituationen reagiert. Solche Experimente brachten die Verhaltensforschung meilenweit voran, während wir uns heutzutage gefühlt nur wenige Schritte vorwärts und manchmal sogar einige rückwärts bewegen. Ich war der Überzeugung, dass es auch Wege gab, solche Experimente moralisch zu legitimieren.

Ich behielt diese Ansichten immer für mich, hielt meine Aussagen so vage wie möglich, doch dann, eines Tages, bekam ich einen Anruf von Dr. Blechinger. Blechinger war mir bereits bekannt, ich war auf einigen seiner Vorträge gewesen, er beschäftigte sich, ähnlich wie ich es tat, mit der Verhaltensforschung von Mensch und Tier. Seine Erkenntnisse waren oft beeindruckend, doch auch er kam schon mehrfach in die Kritik, weil er unangemeldete Tierexperimente durchgeführt hatte, um seine Thesen zu bestätigen. Aber genau deshalb schaffte er mehr als andere in unserem Feld der Wissenschaft. Einfach weil er sich Dinge traute, die für andere Wissenschaftler undenkbar waren.

Er rief mich an, um zu fragen, ob ich ihm behilflich sein könnte bei einer neuen Forschung. Dabei ginge es um eine Weiterführung des „Forced-Swimming-Experiments", jedoch sei alles etwas anders und müsse strengstens geheim gehalten werden. Das Forced-Swimming-Experiment war ein oft wiederholtes Tierexperiment, bei dem Ratten in gläserne Gefäße mit Wasser gelassen wurden, um zu beobachten, wie lange sie schwimmen konnten, bis sie zwangsläufig irgendwann untergingen. Bevor sie dann wirklich ertranken, wurden sie von den Forschenden gerettet und am nächsten Tag durchliefen sie die gleiche Prozedur erneut. Ein seltsames Experiment, das jedoch einige beeindruckende Ergebnisse vorweisen konnte. Die Forscher fanden damals heraus, dass domestizierte Ratten, die menschlichen Kontakt kannten, länger durchhielten als Ratten aus freier Wildbahn, und zwar deutlich länger. Während wilde Ratten nur 15 Minuten schwimmen konnten, schwammen ihre domestizierten Verwandten über 40 Stunden. Und nachdem man die wilden Ratten einmal gerettet hatte und sie am nächsten Tag wieder in den Behälter tat, hielten diese plötzlich auch 40 bis 60 Stunden durch.

Die Forscher waren der Meinung, dass die Ratten nicht so lange schwammen, wie ihre Muskeln es ihnen ermöglichten, sondern bis sie die Hoffnung verloren. Ratten, die Menschen nicht kannten, sahen sich in einer hoffnungslosen Situation gefangen und gaben sich bereits nach 15 Minuten auf. Ratten, die Menschen kannten und wussten, sie würden irgendwann gerettet werden, hielten so lange durch, wie sie konnten, da ihre Hoffnung auf Rettung stets vorhanden war.

Dieses Experiment sorgte damals für Aufsehen, da es belegte, dass auch Tiere Hoffnung empfinden können und dass Lebewesen, angetrieben durch Hoffnung, mehr schaffen als ihre hoffnungslosen Artgenossen. Doch heutzutage sieht man dieses Experiment kritisch. Sowohl in der Forschung, da es Gegenbeweise gibt, als auch ethisch, da es ein Verbrechen an Tieren darstellt. Ich sprach bestimmt eine Stunde mit Dr. Blechinger, doch er verriet mir keine Details über sein Vorhaben. Er sagte nur, dass er zu beweisen versuche, dass das Forced-Swimming-Experiment funktioniert und die Kritik unberechtigt sei. Doch eben dafür brauchte er meine Hilfe, da er es in einem größeren Ausmaß plante. Ich erwartete, er würde mich in sein Büro an der Uni München einladen, doch nein, er sagte, er schicke mir bald Tickets und alles, was ich brauchte, für einen Flug zu seinem Labor in Russland. Bevor ich nachfragen konnte, warum wir dafür nach Russland mussten, sagte er etwas, das mich verunsicherte. Er sagte, dass er wisse, dass ich einer der wenigen sei, der seine Ansichten teile, und dass wir Großes herausfinden könnten. Solange wir aber keine Ergebnisse hätten, die bewiesen, dass unsere Vermutungen stimmen, müssten wir Stillschweigen bewahren.

Ich bewunderte die Forschung von Dr. Blechinger und so stimmte ich zu, ohne weiter nachzufragen. Schließlich sollte es die Anforderung eines jeden Forschenden sein, Erkenntnisse zu gewinnen, die die Welt verändern. Wenn Dr. Blechinger so etwas schafft, dann will ich unbedingt Teil seines Teams sein.

Das ganze Experiment sollte um die 40 Tage dauern, daher reichte ich meine Abwesenheit von meiner Forschung ein, und wenn Kollegen mich fragten, warum ich diese so plötzlich auf Eis legte, sagte ich ihnen nur, dass ich mich überarbeitet fühlte und mal eine Pause brauchte. Niemand stellte danach noch groß Fragen.

Zwei Wochen nach meinem Gespräch mit Blechinger war es dann so weit, die Flugtickets hatte ich schnell bekommen und ich machte mich auf den Weg von Hannover nach Frankfurt und von dort aus weiter mit einem Flieger zum Flughafen Jemeljanowo, der in Sibirien lag. Es war einer der wenigen Flughäfen, die in dieser Einöde existierten. Von dort aus wurde ich dann mit einem dunklen Geländewagen abgeholt, der mich auf eine fast zehnstündige Autofahrt mitnahm, tief in die lebensgefährliche, triste Wildnis Sibiriens. Manchmal fuhren wir über Straßen, manchmal über Feldwege, kurze Strecken sogar über Wiesen oder durch sandige Waldwege, die ich niemals als befahrbar eingeschätzt hätte.

Natürlich wunderte es mich, dass Blechinger ein Labor so weit abseits von jeglicher Zivilisation hatte, doch ich wollte nicht mehr Fragen stellen als nötig. Vermutlich bekäme ich sowieso bald alle Informationen, die ich brauchte.

Nach der anstrengend langweiligen Autofahrt, bei der ich einfach nur schweigend auf meinem Platz saß, hielt der Fahrer direkt neben einer metallischen Tür an, die an ein Waldgebiet grenzte. Diese Tür schien in einen kleinen Hügel eingesetzt zu sein und war von kaltem, grauem Beton umgeben. Als ich kein angrenzendes Gebäude sah, wurde mir bewusst, dass es sich hierbei um eine Art Bunker handeln musste. Unsere Forschungen würden wir also unterirdisch durchführen. Alles, was ich rausbrachte, war: „Ein Experiment mit Ratten wird es wohl nicht sein." Zu diesem Zeitpunkt wusste ich noch nicht, wie recht ich damit haben würde.

Der Fahrer, der vermutlich nur Russisch sprach, bedeutete mir mit Gesten auszusteigen und sagte dabei kein Wort. Er sah mich nicht einmal wirklich an. Ich stieg ebenso wortlos aus und kurze Zeit später fuhr das Auto davon. Fernab jeglicher Zivilisation klopfte ich an die eiserne Tür, doch wie ich befürchtet hatte, hörte mich niemand. Wenn sie wirklich unterirdisch arbeiteten, würde ich wohl kaum mit einem leichten Klopfen auf mich aufmerksam machen können. Aber was blieb mir anderes übrig? Dieser Bunker hatte keine Klingel und so weit außerhalb hatte ich auch kein Netz, um anzurufen oder meinen Kollegen irgendwie übers Internet zu kontaktieren.

Nervös sah ich mich um und bemerkte in der Nähe einen am Boden liegenden Stein. Ich hob ihn auf und klopfte damit gegen die Tür. Das Geräusch war nun deutlich lauter, doch weiterhin hörte mich niemand. Da es bitter kalt war und ich keine Lust hatte zu erfrieren, stieß ich mit aller Kraft den Stein gegen die Tür. Immer und immer wieder hämmerte ich dagegen, bis ich hörte, wie das schwere Schloss geöffnet wurde und sich die Tür dann langsam aufschob.

Ich wusste nicht, wer mir entgegentreten würde, ich hoffte, dass ich hier wirklich richtig war und nicht aus Versehen in den falschen Wagen eingestiegen und zu irgendeinem kriminellen Ring oder russischen Regierungsprojekt geschleift worden war, doch zu meiner Erleichterung stand Dr. Blechinger vor mir. In typisch weißer Robe sah er mich an, lächelte verlegen, gab mir die Hand und entschuldigte sich, dass er die Uhr aus dem Blick verloren habe. Er war froh, mich zu sehen, und lud mich sofort aus der Kälte in das Innere des Hügels ein.

Dort war es nicht viel wärmer als draußen, aber wenigstens war es nicht mehr windig. Dr. Blechinger führte mich eine Treppe hinunter, während er mir erzählte, dass er den ganzen Tag so sehr in die Arbeit vertieft war, nun aber alles bereit wäre und wie glücklich er sei, dass ich ihm helfe.

Je tiefer wir in den Untergrund Sibiriens traten, desto wärmer wurde es. Irgendwann machte ich meine Winterjacke auf und spielte mit dem Gedanken, sie sogar auszuziehen, da die Temperatur mittlerweile angenehme 20 Grad erreicht hatte.

Und dann stand ich in einem etwas größeren Raum. Dr. Blechinger nannte ihn den Versammlungsraum, in dem die mitwirkenden Forscher und Helfer Pause machen konnten. Gerade war niemand hier und Dr. Blechinger sagte mir, dass, wenn ich kein Russisch spräche, ich hier nicht viel kommunizieren werde, da außer uns beiden alle aus den umliegenden, wenn auch weit entfernten Städten kämen. Er hatte noch eine andere deutsche Professorin um Hilfe gebeten, Frau Dr. Sohnle, doch diese hatte, als sie erfuhr, dass das Experiment in Russland stattfand, freundlich abgelehnt.

Von dem Versammlungsraum gingen zwei Gänge ab, in denen sich die Zimmer befanden, in denen ich und die anderen Mitarbeiter schlafen konnten. Außerdem waren hier die Küche sowie Sanitäranlagen zu finden. Dies war alles schön und gut, doch was mich mehr interessierte, war eine weitere schwere Eisentür, die direkt am Ende des Versammlungsraumes lag. Ich wollte gerade fragen, wo diese Tür hinführte, doch bevor ich auch nur den Mund aufmachen konnte, sah Dr. Blechinger mich an und fragte mich noch einmal, wie vertraut ich mit dem Forced-Swimming-Experiment sei.

Ich sagte, dass ich ein paar Publikationen dazu gelesen hatte und den Sinn sowie den Ablauf verstand, daraufhin sah Blechinger mich mit ernstem Blick an und fragte mich, was ich ethisch von dem Ganzen halten würde. Ohne zu zögern, vertrat ich meinen bekannten Standpunkt. Dass ich es gut finde, wenn anderen mit den Ergebnissen geholfen werden kann.

Als ich diese Worte sagte, lächelte Blechinger über beide Ohren, klopfte mir auf die Schulter und sagte nur, dass er wusste, ich wäre der Richtige. Ohne ein weiteres Wort ging er zu der eisernen Tür, öffnete sie und präsentierte mir voller Stolz den Raum, in dem das Experiment stattfinden würde.

Sofort sah ich, was Sache war.

Vor uns lag eine riesige unterirdische Halle. Die Wände waren aus dunklem Beton, die den ganzen Raum düster wirken ließen. Von der Decke hingen grellweiß leuchtende Lampen, die jedoch nicht den ganzen Raum erhellten, sondern nur kleine Lichtkegel erzeugten, die einen kleinen Bereich unter ihnen anstrahlten.

Durch den Kontrast der dunklen Wände und der grellen Lampen wirkte der Raum, abseits der Lichtkegel, nahezu komplett schwarz. Das, was sofort auffiel, war jedoch, was sich unter den Lichtkegeln befand. Insgesamt fünf um die sechs Meter hohe gläserne Zylinder standen getrennt voneinander verteilt in diesem Raum. Die Glaszylinder hatten einen Durchmesser von ungefähr vier Metern und waren bis zur Hälfte mit Wasser gefüllt. Es wirkte wie eine überdimensionierte Version des Rattenexperiments. Doch was mich im ersten Moment schockierte, war, dass sich in allen Gefäßen Menschen befanden, die Schwimmbewegungen machten, um sich über Wasser zu halten.

Dies war also das besondere Experiment, von dem Blechinger sprach, er wollte das Forced-Swimming-Experiment mit Menschen nachstellen.

Wortlos trat ich tiefer in den Raum und sah mir die schwimmenden Menschen an. Es waren fünf Männer. Wie ich später erfuhr, waren sie im Alter zwischen 30 und 50. Sie alle trugen nichts außer einer Unterhose und sie hatten die Augen verbunden. Zudem war jeweils ein Arm an den Rücken gefesselt, was das Schwimmen sichtlich erschwerte. Die Männer paddelten verzweifelt von Wand zu Wand, versuchten, sich festzuhalten, einen Rand zu finden, doch ohne Erfolg. Sie waren verzweifelt, genau wie die Ratten in dem originalen Aufbau.

Natürlich fragte ich Dr. Blechinger sofort, was das ganze sollte, nicht in einem vorwurfsvollen Tonfall, ich war ehrlich interessiert, was seine Idee war. Dr. Blechinger erklärte mir, dass das originale Experiment häufig nicht anerkannt werde, da die Ergebnisse angeblich nicht mit Menschen zu vergleichen wären. Würden sie Hoffnung haben, gerettet zu werden, und dann länger durchhalten? Wie lang würde es dauern, bis sie jegliche Hoffnung verlieren? Würden sie depressiv werden? Es gab so viele Dinge, die man herausfinden konnte, und darum hatte er dieses Experiment gestartet.

Logischerweise war es kein offiziell gemeldetes Experiment, es herrschte absolute Schweigepflicht, da alle Beteiligten sich strafbar machten und ins Gefängnis kommen würden für diesen Aufbau. Die Männer in den Gefäßen waren belarussische Sträflinge, die bereits zum Tode verurteilt waren. Angeblich waren sie alle Mörder und Dr. Blechinger bekam sie als Testsubjekte von einem befreundeten Gefängnisleiter. Ob das alles wirklich so stimmte, weiß ich leider nicht, ehrlich gesagt habe ich diese Aussage nie genauer recherchiert, da ich befürchte, dass ich die Antwort auf meine Recherche nicht mögen würde.

Blechinger hatte alles durchgeplant, er wollte mit diesem Experiment beweisen, dass die Ergebnisse des Forced-Swimming-Experiments auf den Menschen übertragbar waren, und er wollte zu neuen bahnbrechenden Erkenntnissen in der Verhaltensforschung gelangen.

Und ich war bereit, ihm dabei zu helfen.

Nachdem ich mich umgezogen hatte, kam ich zurück zu Blechinger, der in einem kleinen Container mitten im Raum saß und sowohl vor sich durch ein Fenster als auch auf PC-Bildschirmen die Gefäße beobachtete. Die Testsubjekte waren zum Zeitpunkt meiner Ankunft bereits 60 Stunden im Wasser. Ein normaler Mensch kann Schätzungen zufolge um die 80 bis 100 Stunden am Stück schwimmen, bevor ihn die Kräfte verlassen. Da diese Subjekte jedoch teilweise gefesselt waren, mit einem Arm auf dem Rücken, waren ihre Bewegungen hektischer und anstrengender und sie waren nun bereits an ihrem Limit.

Es dauerte nur knapp zwei weitere Stunden, bis der erste mit dem Kopf immer wieder unter die Wasseroberfläche ging und irgendwann seine Bewegungen ganz aufhörten. Er sank immer tiefer und sofort wurde ein gesicherter Mann in das Becken gelassen, der das Testsubjekt, wenn man es denn so nennen möchte, rettete. Die Rettungsaktion dauerte jedoch etwas, weshalb das Testsubjekt bereits ohnmächtig war, als es geborgen wurde. Es lebte, aber Erste-Hilfe-Maßnahmen mussten durchgeführt werden. Wie Dr. Blechinger mir erklärte, war das Überleben der Testsubjekte von höchster Bedeutung.

Nachdem die Testperson gerettet wurde und wieder halbwegs bei Bewusstsein war, wurde sie in einen Raum gebracht, in dem fünf Betten standen, die alle mit gläsernen Wänden voneinander getrennt waren. Dort konnten sich die Subjekte ausruhen, bekamen etwas zu essen und konnten ein wenig schlafen.

Ich beobachtete über die Kamera die Person, wie sie auf ein Bett in den Raum gelegt wurde und langsam wieder zu Kräften kam. Sie war völlig am Ende. Stehen war offenbar unmöglich, erst nach über einer Stunde griff dieses Subjekt nach einem Stück Brot und aß es extrem langsam. Insgesamt 20 Stunden sollten die Subjekte sich ausruhen dürfen, wie ich es zuvor erfahren hatte. Dies wussten die Testsubjekte natürlich nicht, sie waren nicht eingeweiht in den Ablauf des Experiments.

Fünf Stunden nach dem ersten Subjekt gab ein weiteres auf und sank unter die Wasseroberfläche, auch dieses wurde gerettet. Kurze Zeit später passierte das Gleiche mit dem dritten und eine Stunde danach, beinahe zeitgleich, gaben die letzten beiden Subjekte auf. Sie alle wurden in den Raum gebracht und konnten sich ausruhen.

Ich hatte erwartet, dass die Männer miteinander sprechen würden, sobald sie unter sich waren, doch sie waren so kaputt, dass keiner ein Wort zustande brachte. Zumindest dachte ich das, bis Blechinger mir erklärte, dass sie alle vor dem Experiment ihr Hörvermögen operativ entfernt bekommen hatten, damit sie nichts von der Außenwelt mitbekämen. Ich fragte mich, warum man nicht einfach Ohrstöpsel verwendet hatte, so wie man auch Augenbinden nutzte, damit sie nichts sahen, beließ es aber dabei. Vielleicht kam Blechinger einfach selbst nicht auf diese Idee, und ich wollte nicht verantwortlich sein, wenn er die Sache überdachte und ihnen auch das Augenlicht dauerhaft nahm.

Die Testsubjekte lagen einfach nur in ihren Betten, wenn sie versuchten aufzustehen, fielen sie hin. Erst nach knapp 15 Stunden Ruhezeit hatten sie genug Kraft gesammelt, um zu stehen und zu gehen. Ab diesem Zeitpunkt hämmerten sie auch manchmal verzweifelt gegen die Wände.

Nachdem 20 Stunden vergangen waren, kamen Männer in den Raum, packten die Testsubjekte, fesselten erneut jeweils einen Arm und brachten sie wieder zu den gläsernen Gefäßen. Als dies das erste Mal passierte, versuchten die

Subjekte noch, sich zu wehren, irgendwie loszukommen, doch später ergaben sie sich widerstandslos ihrem Schicksal.

Ich würde lügen, wenn ich sage, dass mich der Anblick dieser Folter kaltgelassen hätte. Natürlich war ich verstört von den Dingen, die sich vor mir abspielten, aber gleichermaßen sagte ein Teil von mir, dass das, was wir taten, vielleicht einen Grundstein legen könnte, um wichtige neue Forschungserkenntnisse zu generieren.

Das Experiment lief noch über mehrere Wochen und die Erkenntnisse, die wir sammelten, waren in der Tat beeindruckend. Diese Männer zeigten tatsächlich, nach wenigen Wiederholungen der Tests, die aus dem Tierversuch antizipierten Ergebnisse! Während sie zu Beginn zwischen 60 und 70 Stunden in den Tanks durchhielten, schafften sie es bei der zweiten Wiederholung um die 80 Stunden. Beim nächsten Test waren es dann sogar bis zu 90 Stunden. Dies war eine unglaubliche Steigerung ihrer Leistungsfähigkeit und ihres Durchhaltevermögens. Wenn man nun beachtet, dass diese Testsubjekte nur wenige Ruhephasen und keine Zeit für Muskelaufbau hatten und kaum bei 100 Prozent ihrer Leistungsfähigkeit waren, dann konnte man davon ausgehen, dass ihr gesteigertes Durchhaltevermögen durch die Hoffnung auf Rettung hervorgerufen wurde. Genau das waren die Ergebnisse, die wir sehen wollten! Ergebnisse, die belegten, dass das Forced-Swimming-Experiment tatsächlich auf den Menschen übertragbar war.

Doch sosehr wir uns darüber freuten, so bitter war es, als die Subjekte zu sehr an ihre Grenzen getrieben wurden. Die Männer wurden stets aus den Tanks geholt, wenn wir sicher waren, dass sie körperlich nicht mehr in der Lage waren, sich über Wasser zu halten. Doch wir mussten vorher sichergehen, dass unsere Testsubjekte uns nicht einfach reinlegten. Denn diese Erfahrung hatten wir schmerzlicherweise am Ende der ersten Woche gemacht. Während wir unserer Arbeit nachgingen und die Tanks beobachteten, bemerkten wir plötzlich, wie eines der Testsubjekte unter die Wasseroberfläche sank.

Es war ein 32-jähriger, recht muskulöser Mann. Gerne hätte ich euch den Namen dieser Person gesagt, doch die Namen der Subjekte waren in den Akten, die mir zur Verfügung standen, nicht angeführt. Ich benannte sie daher entweder nach Zahlen, so wie es bei solchen Experimenten üblich war, oder nach körperlich auffälligen Attributen. So hieß dieser Mann entweder Subjekt Drei oder Augenbraue, weil er eine dicke, zusammengewachsene Monobraue besaß. Jedenfalls war es merkwürdig, dass Subjekt Drei unter die Oberfläche sank, da er sich erst sechs Stunden in dem Gefäß befand. Verglichen damit, dass er bei den vorherigen Durchgängen 68 und 76 Stunden durchgehalten hatte, war sein frühes Nachgeben überraschend.

Sofort herrschte rege Panik, da dies darauf hindeuten könnte, dass er durch die Belastung einen Schlaganfall oder Herzinfarkt erlitten haben könnte. Wir schickten binnen weniger Sekunden den Taucher, ohne ausreichend Sicherung, ins Wasser. Unser Ziel war es, Subjekt Drei schleunigst aus dem Gefäß zu holen und zu reanimieren, falls wirklich ein medizinischer Notfall eingetreten wäre.

Doch wir irrten uns.

Der Taucher sprang in das Becken zu dem Mann, der seit gut 50 Sekunden regungslos unter der Wasseroberfläche trieb. Doch sobald er im Wasser war, griff Subjekt Drei nach ihm. Mit einem Mal zog er den Taucher zunächst unter die Oberfläche, legte seinen muskulösen Arm um dessen Hals und drückte zu, während er sich selbst über Wasser hielt. Wie in Schockstarre sah ich mit an, wie die Gesichtsfarbe des Tauchers sich veränderte und Luftblasen in Schüben stoßartig seine Lungen verließen. So einen Zwischenfall hatten wir nie geprobt und keiner wusste so recht, was wir machen sollten. Erst als zwei Sicherheitsmänner, die eigentlich am Eingangsbereich der Anlage stationiert waren, zu uns kamen und das Chaos sahen, handelten sie. Sie sprangen ins Wasser und fixierten Subjekt Drei, der wie vom Teufel besessen schrie und sich zu befreien versuchte. Während die Securitys

Subjekt Drei in Schach hielten, zogen wir zunächst mit einer Seilvorrichtung den Taucher aus dem Wasser, welcher zu diesem Zeitpunkt aber bereits nicht mehr am Leben war, und danach befreiten wir auch den ersten und kurz darauf den zweiten Sicherheitsmann. Subjekt Drei versuchte, sich am zweiten Mann festzuhalten, doch ein kurzer Tritt zerstörte seine Hoffnung auf ein frühzeitiges Ende des Experimentes.

Subjekt Drei blieb noch für ungefähr 40 Stunden in dem Tank. Es war nicht verwunderlich, dass nach 46 Stunden seine Energiereserven aufgebraucht waren. Der Kampf mit unserem Personal hatte ihn vermutlich ausgelaugt. Vielleicht rechnete er auch damit, dass wir ihn nach dieser Aktion nicht mehr retten würden, und hatte die Hoffnung verloren und deswegen aufgehört zu schwimmen. So oder so war dieser Durchlauf für uns nicht verwertbar, doch er war der Grund, warum unsere Vorsicht bei der Rettung der Testsubjekte stieg.

Die Sorge, dass die Subjekte nur so taten, als könnten sie nicht mehr schwimmen, war allgegenwärtig. Daher dauerten die Rettungen von da an deutlich länger als zuvor. Sank jemand unter die Wasseroberfläche, so beobachteten wir ihn erst einen Moment lang, um sicherzustellen, dass er wirklich aus mangelnder Kraft unterging. Dadurch vergingen aber auch wichtige Sekunden, die die Subjekte häufig nicht mehr hatten.

Während wir in den ersten Durchläufen nur mit Ohnmacht der Subjekte zu kämpfen hatten, wurden die Vorfälle mit der Zeit drastischer. Manche von ihnen hatten große Mengen an Wasser in der Lunge, das wir mühsam absaugen mussten. Andere mussten für einige Zeit künstlich beatmet werden, da sie zu geschwächt waren, um den Atemprozess selbstständig zu übernehmen.

Die Körper unserer Subjekte waren mittlerweile so geschwächt, dass ihr Organismus dieser dauerhaften Belastung nicht mehr standhalten konnte. Im Laufe des Experiments mussten alle fünf Subjekte reanimiert werden. Insgesamt elf Reanimationen wurden durchgeführt, von denen nur eine einzige in einem Misserfolg endete. Nach 18 Tagen starb eines der Subjekte. Es war Subjekt Vier oder auch der Raucher, wie ich ihn nannte, da er eine sehr raue Stimme besaß. Er war mit über 50 Jahren der Älteste gewesen, ich weiß nicht, ob sein Körper die Strapazen nicht mehr aushalten konnte oder ob unsere Rettungsaktion zu lange gedauert hatte, jedenfalls führten die Reanimationsversuche zu keinem fruchtbaren Ergebnis.

Der Körper wurde in der kleinen Kühlkammer, in der eigentlich die Lebensmittel frisch gehalten wurden, in eine metallische Kiste gelegt, damit bei Gelegenheit eine Obduktion durchgeführt werden könnte.

Es bestürzte mich, dass ich quasi tatenlos zugesehen hatte, wie er starb, und, wenn ich ehrlich bin, eine Mitschuld an seinem Ableben hatte. Was mich aber verwunderte, war die Reaktion von Dr. Blechinger und den restlichen Kollegen. Keiner schien das Ableben von Subjekt Vier schlimm zu finden, teilweise wirkten sie sogar eher erleichtert. Und Blechinger selbst war zudem wütend, nicht weil ihm der Tod von Subjekt Vier naheging, sondern weil dies die Anzahl seiner ohnehin schon wenigen Versuchskaninchen verringerte.

Dr. Blechinger war wie besessen von seinem Experiment, jede Auswertung kontrollierte er penibel, er schlief kaum und beobachtete manchmal stundenlang einfach nur stumm die Monitore, doch ich und manche meiner Kollegen waren uns sicher, dass dieses Experiment mit dem Ableben von Subjekt Vier gescheitert war. Dazu kam, dass, während in den ersten Durchläufen tatsächlich eine bemerkenswerte Erhöhung der Schwimmdauer zu messen gewesen war, nach spätestens 15 Tagen die Ergebnisse zu sehr schwankten, um sie noch zu verwerten. Die meisten Durchläufe mussten abgebrochen werden, da die Subjekte einfach körperlich nicht mehr imstande waren weiterzumachen.

Man hätte spätestens an dieser Stelle das Experiment beenden sollen, doch Blechinger hörte nicht auf. Es war seine oberste Priorität, die Subjekte am Leben zu halten oder ins Leben zurückzuholen, damit sie weiter leiden konnten. Er sagte einmal, während wir zusahen, wie eines der Subjekte reanimiert wurde, dass nur wir Wissenschaftler entscheiden dürften, wann die Zeit zum Sterben gekommen sei, nicht die Subjekte selbst.

Jedes Mal, abgesehen von dem Vorfall mit Subjekt Vier, holten wir die Subjekte zurück ins Leben, beobachteten sie eine Weile und führten dann die Experimente fort.

Es war einfach nur grausam. Doch etwas war mir aufgefallen:

Nachdem wir die Subjekte reanimiert hatten, waren ihr Verhalten und Charakter völlig anders als zuvor. Sicher waren sie vorher bereits ausgelaugt und bewegten sich außerhalb der Experimente nicht viel, doch nach den Reanimationen bewegten sie sich nahezu gar nicht mehr. In ihrem Zimmer saßen sie regungslos auf den Betten oder sogar teilweise in den Ecken. Essen und Trinken rührten sie nicht mehr an und alles, was wir beobachten konnten, war, dass sie ihre Münder bewegten, als würden sie mit jemandem sprechen, doch es kam nie ein Ton heraus. Subjekte, die zuvor durch die Gegend brüllten, wie Augenbraue zum Beispiel, waren nach der Reanimation wie ausgewechselt.

Spätestens nach Tag 22 zeigten sie alle die gleichen Verhaltensmuster. Auch wenn wir sie für Tests in die Tanks ließen, bewegten sie sich nicht mehr, sie sanken einfach unter die Wasseroberfläche. So als würden sie nur darauf warten, dass ihnen die Luft ausginge und sie endlich starben.

Doch das taten sie nicht. Blechinger forderte von uns, sie nicht zu retten, er dachte, dass sie einfach nur das Schwimmen verweigerten und damit anfangen würden, sobald die Luft knapp würde. Doch er verschätzte sich. In einem Versuch warteten wir bei Subjekt Drei sogar geschlagene sieben Minuten ab, bevor wir eine Rettungsaktion unternahmen. Doch in diesen sieben Minuten gab es keine körperliche Regung des Subjektes, es war einfach friedlich auf den Boden gesunken und wartete. Einmal sah es so aus, als würde sein Körper erschlaffen und für einen Moment dachten wir, dass es jetzt ertrunken wäre, doch kurze Zeit später krampfte es und nahm seine vorherige Körperhaltung wieder ein. Beinahe so, als wäre es kurz eingeschlafen und wieder aufgewacht.

Wir erwarteten, dass wir nach den sieben Minuten einen leblosen Körper aus dem Wasser ziehen würden, doch das Gegenteil war der Fall. Wir zogen Subjekt Drei heraus und es stand danach einfach da, als wäre nichts gewesen. Im Normalfall hält ein gesunder Erwachsener es keine vier Minuten ohne Sauerstoffzufuhr unter Wasser aus, ein so geschwächter Mann wie Subjekt Drei hätte niemals so problemlos die sieben Minuten schaffen können. Doch Blechinger beunruhigte dieser Fakt nicht, ich denke, er war einfach nur erfreut, dass er kein weiteres Subjekt verloren hatte.

Das ganze Experiment, zumindest seit ich dort beschäftigt war, ging 29 Tage. Mindestens zwei Drittel dieser Zeit waren für das Experiment nicht verwertbar. Wir alle wussten, dass unsere Untersuchungen gescheitert waren. Wir hatten keine neuen Erkenntnisse generieren können, wir hatten nichts Gehaltvolles vorzuweisen. Was sollten wir groß verkünden, fünf Menschen schwammen bei den ersten Wiederholungen länger als vorher, doch das ist noch kein Beweis für irgendeine Theorie. Das sind unzureichende Datensätze.

Dr. Blechinger wollte beweisen, dass die Hoffnung ein starker Antrieb war, ein Antrieb, der auch über Tage und Wochen hinweg das Subjekt durchhalten lässt, der Unmenschliches erreichen lässt. Doch dieses Ergebnis konnten wir mit so einer kleinen Testgruppe nicht bestätigen. Wir alle waren deprimiert und schon seit Wochen hatte sich bei uns immer mehr das Gefühl verstärkt, dass wir Menschen ohne einen wissenschaftlichen Mehrwert gequält hatten.

Und auch Dr. Blechinger war am Ende seiner mentalen Kräfte. Eigentlich war das Experiment am 29. Tag noch nicht beendet, aber ich und die anderen acht Forschenden, die dort beschäftigt waren, schlossen uns zusammen und baten Dr. Blechinger darum, das Projekt endgültig einzustampfen. Es hatte keinen Sinn mehr. Trotz der Sprachbarriere war es offensichtlich, dass wir alle ein Ende dieser Tests wollten.

Blechinger war außer sich vor Wut, er kochte förmlich, schrie uns an, wir sollten zurück an unsere Plätze gehen, sagte, dass das Ganze erst vorbei sei, wenn er es sage, und so weiter, doch wir blieben standhaft.

Irgendwann begriff er, dass er machtlos war, und verkündete, dass wir das Projekt, wie es im Protokoll stand, beenden sollten. Dieses Protokoll hatte ich nie gelesen. Da ich erst dazukam, als das Experiment bereits gestartet war, hatte mich niemand damit vertraut gemacht. Doch meine Kollegen wussten, was zu tun war. In dem Moment, als er sagte, dass das Experiment nach Protokoll beendet werden sollte, verdunkelten sich die Gesichter meiner Mitstreiter. Wir alle waren gezeichnet durch die vergangenen Tage, doch jetzt sah ich Gesichtsausdrücke, die ich so zuvor noch nicht gesehen hatte. Schock, Panik, Abscheu und Trauer waren in ihre Gesichter gemeißelt und doch fingen sie an, alles für das Ende des Experiments vorzubereiten.

Meine Erwartung war, dass irgendwer einen Krankenwagen rufen würde, der die Überlebenden wegbrachte, oder dass ein Gefängnistransport sie zurück nach Belarus fuhr. Doch wie ich erfahren musste, sah das Ende des Experiments kein Überleben der Subjekte vor.

Zwei meiner Kollegen nahmen aus einem gesicherten Schrank je eine Kleinkaliber-Handfeuerwaffe und ein dritter nahm einen Schild, wie ich ihn sonst nur von Polizisten bei Demonstrationen kannte. Dann machten sie sich auf den Weg in das Zimmer, in dem die vier überlebenden Subjekte vollkommen ruhig und apathisch saßen.

Eigentlich war es offensichtlich gewesen, dass man diese Straftäter, wenn es denn wirklich welche waren, nicht zurückschicken würde. Der Aufwand, sie unbemerkt außer Landes zu schaffen, und die Strapazen der Reise wären zu groß, als dass es sich lohnen würde, und letzten Endes hatte Blechinger wohl nicht ohne Grund gesagt, dass er entscheidet, wann seine Subjekte sterben.

Ich verstand nun auch, warum meine Kollegen damals nicht schockiert, sondern erleichtert waren, als Subjekt Vier nicht reanimiert werden konnte. Es war eine Person weniger, um die sie sich am Ende kümmern mussten.

Während die drei Kollegen ihrer Aufgabe entgegengingen, fingen die anderen an, die Schränke zu leeren, und sammelten stapelweise Akten und Papiere. Viele dieser Dokumente, die wir all die Tage ausgearbeitet hatten, wurden noch an Ort und Stelle geschreddert.

Ohne zu wissen, was genau zu tun war, blieb ich einfach neben Blechinger stehen und sah zusammen mit ihm auf den Monitor vor uns. Die Kameraqualität war nicht optimal, aber auf dem Bildschirm konnten wir deutlich erkennen, wie zunächst der Kollege Sokolow den Raum betrat. Mit dem erhobenen Schild war er wohl auf eine Auseinandersetzung vorbereitet, doch die vier verbliebenen Testsubjekte saßen weiterhin still auf ihren Betten und schenkten den Männern keine Beachtung. Vielleicht hatten sie auch noch gar nicht bemerkt, dass jemand den Raum betreten hatte, da sie ja ihres Hörvermögens beraubt waren.

Kurz darauf kamen die beiden anderen Kollegen mit den Handfeuerwaffen in das Zimmer. Natürlich konnte ich mir denken, was jetzt passieren würde. Kurz spielte ich mit dem Gedanken wegzuschauen, aber nach all dem, was ich in den vergangenen Tagen gesehen hatte, wäre es wohl heuchlerisch, jetzt einen auf sensibel und mitfühlend zu machen.

Die Männer richteten die Waffen auf die ersten zwei Subjekte und drückten ab. Klar hallten die Schüsse durch die gesamte Anlage aus Beton. Es war ein einschüchternd lautes Geräusch, das durch die großen leeren Hallen noch amplifiziert wurde. Die beiden Subjekte kippten nach hinten um und lagen regungslos. Die verbliebenen beiden mussten das mitbekommen haben, schließlich war der Raum offen und die einzelnen Betten nur durch Glaswände voneinander getrennt, doch sie blieben ruhig sitzen.

Das Gleiche wiederholte sich, meine Kollegen zielten,

schossen und die letzten beiden Subjekte fielen rückwärts auf ihre Betten. Damit war ein Großteil des Protokolls abgeschlossen. Die Leichen würden später vergraben werden und man würde Stillschweigen bewahren.

Doch etwas anderes sollte passieren. Denn während meine Kollegen gerade den Raum verlassen wollten, wurden wir Zeugen, wie die Körper der Subjekte sich unverhofft wieder aufsetzten. Entgegen aller Logik richteten sich ihre Körper auf, als wäre nichts passiert, dabei hatten wir zuvor eindeutig sehen können, wie die Schüsse in die Köpfe der Subjekte eingetreten waren und dort entsprechenden Schaden angerichtet hatten. Es war ein verstörender Anblick, der noch schlimmer wurde, als die Subjekte plötzlich ihre vorherigen Verhaltensweisen abrupt änderten.

Mit starrem Blick richteten die Männer ihre Köpfe zu meinen Kollegen, die in diesem Moment ebenfalls bemerkten, dass etwas nicht stimmte. Schockiert sahen sie die Subjekte an und ich konnte nach erster Überraschung klar erkennen, dass einer meiner Kollegen, der mit einer Waffe ausgerüstet war, anfing zu zittern. Es dauerte einige Minuten, in denen niemand sich regte, bis endlich etwas geschah. Der zitternde Kollege richtete seine Waffe erneut auf eines der Subjekte, betätigte den Abzug und schoss ein zweites Mal direkt durch den Kopf. Erneut fiel das Subjekt in sich zusammen aufs Bett, doch wie zuvor dauerte es nur ein paar kurze Momente, bis es sich wieder aufsetzte, als wäre nichts gewesen. Und plötzlich, nach Tagen, in denen wir kein Geräusch mehr aus ihren Mündern vernommen hatten, fing das eben erschossene Subjekt an zu schreien.

Wir hörten den Schrei durch den Gang hallen. Wenn ich nicht mit eigenen Augen gesehen hätte, dass dieses Geräusch von einem Menschen ausgelöst worden war, hätte ich vermutlich geglaubt, dass er künstlich von einem Computer erzeugt worden sein musste.

Es fällt mir schwer zu erklären, was ich dort hörte, es klang nach einem animalischen Schrei, als würde ein Gorilla in

Drohgebärde sein Revier verteidigen und potenzielle Angreifer einschüchtern wollen, aber gleichzeitig war etwas gänzlich Unnatürliches in diesem Geräusch. Es war unmenschlich tief. Ich hatte alle Stimmen der Subjekte zuvor schon einmal gehört, doch nie hatte sich etwas auch nur vergleichbar angehört.

Als wäre dieser Schrei eine Art Befehl, mit einzustimmen, öffneten die anderen drei Subjekte ebenfalls ihre Münder. Ich sah, wie sie ihre Kiefer aushingen und einen ähnlichen, wenn auch nicht komplett identischen Schrei ausstießen. Die Schreie, ähnlich wie die Schüsse zuvor, hallten durch die Gänge und Hallen. Es klang, als würden sie, statt nur aus diesem kleinen Raum, auch aus anderen Richtungen kommen.

Dr. Blechinger brüllte, dass die Männer gefälligst aus dem Raum verschwinden und die Tür verriegeln sollten. Doch sie reagierten nicht schnell genug. Obwohl sie die Waffen gezückt hatten, schafften sie es nicht, Subjekt Drei aufzuhalten. Denn mit einer unfassbaren Kraft sprang es von seinem Bett auf Sokolow zu, der den Schild angehoben vor sich trug. Dabei schleuderte es ihn mit einer so gewaltigen Kraft gegen eine Wand, dass dessen ungeschützter Schädel gegen das harte Mauerwerk schlug. Sokolow sackte sofort am Boden zusammen und bewegte sich nicht mehr.

Die anderen beiden Kollegen richteten umgehend die Waffen auf Subjekt Drei, nur dass sie dadurch die anderen aus dem Blick verloren. Mit einem weiteren markerschütternden Schrei sprang der Nächste von seinem Bett auf und warf sich auf einen meiner Kollegen. Ich hörte dessen schmerzverzerrten Schreie, als ich hilflos mit ansah, wie das Subjekt, das kaum noch menschlich agierte, seine Zähne in den Hals rammte und immer wieder Stücke Fleisch herausriss. Der verbliebene Kollege schoss um sich, binnen kürzester Zeit hatte er sein Magazin verpulvert, doch die Panik hatte ihn wohl zu sehr übermannt. Keiner der Schüsse verletzte die Subjekte schwerwiegend genug, als dass sie aufgehalten wurden, und so war er das nächste Opfer, das von ihnen zu Boden gerissen und zerfleischt wurde.

Es waren unfassbar grausame Szenen, die wir über die Bildschirme mitansahen, doch jeder von uns wusste sofort, was als Nächstes passieren würde. Wir rannten aus dem Observationsraum. Die restlichen Kollegen sowie Dr. Blechinger drängten zum Ausgang und schrien dem Wachpersonal zu, sie sollten die Türen gefälligst öffnen. Doch das war ein Fehler gewesen, denn offenbar zog das die Aufmerksamkeit der Subjekte auf sie und kurz danach ertönten tatsächlich wieder deren Schreie. Auf allen vieren und blutverschmiert, soweit ich das aus einem kleinen Plexiglasfenster erkennen konnte, verließen sie ihren Ruheraum und liefen auf meine Kollegen zu. Mein Vorteil war, dass ich aus Instinkt nicht zum Ausgang gelaufen war, sondern im nächstgelegenen Raum Schutz gesucht hatte. Dabei handelte es sich um den Kühlraum, der glücklicherweise auch von innen zu verriegeln war.

Ich vernahm animalische Rufe, Beleidigungen, Sätze, die auf Russisch geschrien wurden, Befehle Dr. Blechingers und schließlich schreckliche, angsterfüllte Schreie.

Alles ging so verdammt schnell, doch nun herrscht außerhalb des Kühlraumes eine unangenehme Stille. Ich kann im Gang niemanden mehr hören, weder meine Kollegen noch die Subjekte noch irgendwen. Nur manchmal glaube ich Schritte zu hören, von denen ich aber nicht weiß, ob ich sie mir nur einbilde. Ich weiß nicht, ob meine Kollegen es rausgeschafft haben, doch so schnell wie die Subjekte sprinteten, würde es mich wundern, wenn sie weit gekommen sind.

Doch es gibt eine Sache, die mich beunruhigt. Denn ich sagte zwar, dass ich auf dem Gang nicht mehr wirklich etwas hören kann, doch in dem Raum, in dem ich mich befinde, sieht die Situation anders aus. Aus der eisernen Kiste, in der Ecke des Raumes, in der wir den Raucher platziert hatten, nachdem die Reanimation fehlgeschlagen war, kommen seit Minuten schreckliche Schreie. Das Subjekt schlägt gegen die Wände seines Gefängnisses, hechelt, kratzt und schreit. Seit

Tagen lag er tot in der Kiste, doch nun, nach dem Schrei von Subjekt Drei, ist auch er erwacht.

Gerade gehe ich meine Möglichkeiten durch, entweder renne ich raus und hoffe, dass die Kreaturen wirklich davongelaufen sind, oder ich warte und hoffe, dass durch Zufall irgendwer es schafft, Hilfe zu holen.

Nur für den Fall, dass dies nicht passiert und ich es nicht schaffen sollte, lebend die Anlage zu verlassen, schreibe ich dieses Geständnis nieder. Alles, was wir taten, mag falsch gewesen sein, unmenschlich, schrecklich, wie auch immer. Aber es soll nicht umsonst gewesen sein. Zwar können unsere Ergebnisse die Forced-Swimming-Theorie weder belegen noch widerlegen, aber ich glaube fest, dass wir etwas anderes herausgefunden haben.

Wir haben in den vergangenen Tagen Gott gespielt, über Leben und Tod entschieden, wie es uns gefiel, und uns über die Schöpfung selbst gestellt. Wir haben Menschen wie Tiere behandelt. Und ich glaube, wir haben damit jemanden oder etwas erzürnt. So wie wir die Subjekte aus dem Reich der Toten zurück ins Leben holten, da ihre Arbeit für uns noch nicht erledigt war, glaube ich, dass sie in dieser kurzen Zeit, in der sie unsere Welt verlassen hatten, Kontakt mit etwas gehabt haben. Nennt es Gott, nennt es Satan, wie auch immer ihr es nennen wollt, aber irgendetwas erfuhr von dem, was wir taten. Und ich glaube, dass dieses Wesen sich an uns rächen will und deswegen die Subjekte zurück ins Leben brachte. Genau wie wir es taten, schickt irgendetwas diese gequälten Männer zurück, bis sie ihre Aufgabe erfüllt haben. Und diese Aufgabe ist eindeutig: alle zu beseitigen, die bei diesem Experiment die Finger mit im Spiel hatten!

Wie gesagt, es ist nur eine Vermutung, doch ich glaube, wir konnten heute den ersten Beleg erbringen, dass es nach dem Tod etwas gibt, das auf uns wartet. Und wenn das stimmen sollte und wir die Existenz von etwas Unfassbarem nachweisen konnten, dann bin ich stolz, Teil dieses Experimentes gewesen zu sein.

DAS MÄDCHEN VON NEBENAN

Ich wohnte nun schon seit zwei Wochen hier. Eine ruhige Gegend, knapp zehn Autominuten entfernt von der nächsten Kleinstadt. Hier wollte ich endlich dem stressigen Stadtleben entfliehen. Dem Autolärm, dem beißenden Geruch von Abgasen, den gehetzten Gesichtern auf den Straßen. Das gab es hier nicht.

Das Leben in diesem kleinen Dorf war ruhiger. Viel ruhiger. Es fuhr kaum ein Auto die einspurige Straße entlang, die an meinem Haus vorbeiführte. Mein kleines Grundstück war umgeben von Grün und neben der blühenden Natur und den tierischen Bewohnern lebten hier nur wenige Menschen. Andere würde diese Einsamkeit vielleicht abschrecken, aber ich liebte das Gefühl, allein zu sein. Angst in dieser verlassenen Umgebung hatte ich nicht, selbst die schlimmsten Horrorfilme konnte ich schon als Kind schauen, ohne auch nur einmal zusammenzuzucken. So konnten weder Angst noch Einsamkeit mich davon abhalten, mein neues Grundstück mitten im Nirgendwo zu beziehen. Ohnehin hatte ich weder Freunde noch einen Partner, die mir meine Entscheidung hätten ausreden können. Auch zu meiner Familie hatte ich schon lange keinen Kontakt mehr, sodass ich mein neues Zuhause ganz für mich alleine genoss.

In meiner Straße gab es gerade mal vier schon etwas heruntergekommene Häuser. Sie dürften in den Dreißigerjahren erbaut worden sein und auch wenn sie den Krieg wohl unbeschadet überstanden hatten, da niemand eine Bombe auf diesen nahezu unbewohnten Ort warf, waren sie deutlich von der Zeit gezeichnet.

Am Anfang der Straße lagen zwei Häuser gegenüber voneinander. Auf meiner Seite lebte ein altes Ehepaar, Familie Brychczy, die ich allerdings immer Bresisch nannte. Eigentlich wurde ihr Nachname anders ausgesprochen. Als sie sich vor zwei Wochen, am Tag meines Einzugs, bei mir vorstellten, merkten sie jedoch nach ein paar Versuchen, dass sie mir die korrekte Aussprache nicht beibringen konnten. Der osteuropäische Nachname enthielt quasi keine Vokale, was weder das Sprechen noch das Schreiben für einen Deutschen wie mich einfach machte. Doch die Brychczys waren es gewohnt, dass ihr Nachname für einige Menschen etwas zu kompliziert war. Sie erzählten mir, dass er aus einem kleinen Ort aus Südpolen kam, aus dem sie vor vielen Jahren ausgewandert waren. Wann immer ich das freundliche Ehepaar sah, grüßten wir uns. Viel mehr Kontakt hatten wir aber nicht, womit ich auch sehr zufrieden war.

Ihnen gegenüber gab es dieses eine Haus, das bereits seit vielen Jahren unbewohnt war. Die Fenster waren eingeschlagen, die Holztür am Eingang zugenagelt. Ziegelsteine fehlten auf dem Dach und im verwilderten Garten, in dem einem das Gras bereits bis zur Wade ging, konnte man zwischen dem Unkraut lediglich Sperrmüll entdecken. Die Brychczys erzählten mir, dass früher Jugendliche und junge Erwachsene in dem Haus illegale Partys veranstaltet hatten. Jedenfalls so lange, bis Familie Brychczy das der Polizei meldete und sie das Haus dicht machten.

Und dann, knapp 200 Meter entfernt, kurz vor Ende der langen, von Schlaglöchern gezeichneten alten Straße, standen die anderen zwei Häuser. Einmal meines, ein ebenfalls recht altes Haus, das zwar nicht das schönste war, aber dafür relativ günstig gewesen ist. Es war mein erstes eigenes Heim und auch wenn die Heizung oft ausfiel und die Fenster nicht ganz dicht waren, liebte ich es, endlich mein eigenes Reich zu haben. Ein Platz nur für mich. Mein Ruheort.

Während meines Studiums und des Jobs, den ich anschließend fünf Jahre ausgeübt hatte, war ich gezwungen gewesen, in einer Wohngemeinschaft mit drei anderen zu leben. Um ehrlich zu sein, mochte ich keinen von ihnen. Sie waren laut, unordentlich oder beides zusammen. Doch ich hatte mein Geld gut gespart und konnte dieses Haus, das für die meisten anderen wohl mehr als unattraktiv war, kaufen.

Von meiner Nachbarin direkt gegenüber hörte ich kaum etwas. Familie Brychczy sagte mir, dass dort eine junge Frau, ungefähr in meinem Alter, lebte. Sie war vor zwei Jahren dort eingezogen. Vorher soll dort ein alter Mann gelebt haben, der ebenfalls sehr zurückgezogen war. Manchmal spazierte er draußen die Straße entlang, doch irgendwann sahen sie ihn nicht mehr. Er ging wohl immer sehr gekrümmt und wirkte krank. Sein Gang war schleppend. Schließlich verstarb er vermutlich oder kam in ein Heim. Jedenfalls war er irgendwann nicht mehr zu sehen gewesen. Das junge Mädchen war wahrscheinlich eine Verwandte, die das Haus geerbt hatte. Es gab Ähnlichkeiten, denn auch sie lebte sehr zurückgezogen. Sie grüßte nie, redete nie und ging nur ganz selten mal vor die Tür. Auch sei sie ohne Umzugswagen eingezogen. Sie war einfach plötzlich da. Das polnische Ehepaar wusste nicht mal, wie sie hieß. Das Klingelschild war dasselbe, das auch schon bei dem alten Mann an der Hauswand hing. „Bachmann" stand darauf. Doch wenn sie das Haus wirklich geerbt hatte, war es natürlich nicht unwahrscheinlich, dass sie denselben Nachnamen trug.

Ich lebte in dieser ruhigen Straße bisher ganz für mich allein. Da ich nicht sonderlich viele Möbel besaß, verlief der Umzug relativ schnell. Mein Haus war viele Jahre unbewohnt gewesen, deshalb musste ich noch ein paar Renovierungsarbeiten leisten, doch nachdem ich auch die letzte Wand neu gestrichen hatte, gefiel es mir hier deutlich besser, als ich es erwartet hätte. Doch mein anfänglicher Optimismus sollte schnell verflogen sein.

Schon kurz nachdem ich hier eingezogen war, bemerkte ich seltsame Dinge, die in dieser Straße vor sich gingen. Ich war gerade dabei, die Fenster von der dicken Schmutzschicht zu befreien, die sich über die Jahre festgesetzt hatte. Nach stundenlanger Putzarbeit konnte ich nun wieder ungestört auf die kleine Straße sehen. Außerdem hatte ich einen perfekten Blick in das alte Haus, in dem die Frau, welche in meinem Alter war, leben sollte. Und tatsächlich sah ich sie.

Sie stand hinter ihren dünnen, vorgezogenen Gardinen und trug ein schwarzes Oberteil, darüber lag das dunkelbraune

Haar, das ihr bis über ihre Brüste reichte. Obwohl ich sie nur durch die milchig weißen Gardinen und das ausgeblichene Fensterglas erkennen konnte, schien sie auf den ersten Blick recht hübsch. Natürlich konnte ich Feinheiten, Falten oder sonstige Merkmale nicht erkennen, aber der grundsätzliche Eindruck schien attraktiv.

Das Seltsame aber war, dass sie sich nicht zu bewegen schien. Sie stand völlig still, bewegte sich keinen Zentimeter. Wie eingefroren stand sie da und ich bildete mir ein, dass sie direkt zu mir schaute. Zwar war ihr Gesicht nicht perfekt zu erkennen, aber ich war mir sicher, dass sie mich einfach mit absolut leeren und gelangweilt wirkenden Augen anstarrte. Mir beim Fensterputzen zuzusehen schien sie nicht sonderlich gut zu unterhalten. Damit ich nicht wie ein unfreundlicher Gaffer wirkte, winkte ich ihr zu.

Doch sie rührte sich nicht. Sie winkte nicht zurück und stand weiter still da und sah bloß mich an. War sie vielleicht so in Gedanken, dass sie mich gar nicht richtig wahrnahm? Aber wieso fühlte ich mich dann so unangenehm beobachtet? Langsam fühlte ich mich unwohl, sie schien nicht mal zu blinzeln.

Mir wurde das Ganze so gruselig, dass ich mich vorerst einem Fenster auf der anderen Seite meines Hauses widmete.

Doch das war nicht der einzige seltsame Moment, den ich mit der Frau von gegenüber teilte. Die Vorkommnisse mehrten sich. Tag für Tag wurde es unangenehmer. Manchmal sah ich, wie sie wieder mal still und starr am Fenster stand oder wie sie langsam und mit gekrümmtem Rücken die Straße entlangging und dabei mehrere Schichten Kleidung trug. Obwohl wir relativ milde Temperaturen hatten, trug sie augenscheinlich mehrere Jacken. Das Haar war ihr über das Gesicht gestrichen. Der Blick starr nach vorne, ohne sich umzusehen.

Auch sah ich nie Licht bei ihr im Haus brennen. Ich wusste nicht, ob die alten Stromleitungen überhaupt noch funktionierten, schließlich wirkte ihr Haus deutlich ramponierter als meines.

Irgendetwas war seltsam an ihr, doch vielleicht war es genau dieses mysteriöse und seltsame Verhalten, weshalb ich anfing, mich für sie zu interessieren. Ich hatte nie ein Wort mit ihr gewechselt, sie hatte mich nie gegrüßt und doch wollte ich umso mehr von ihr wissen. Mit ihrer zurückgezogen introvertierten Art erinnerte sie mich in gewisser Weise an mich selbst. Die Fragen, wie sie hieß, wer sie war und was sie den Tag über so machte, fesselten mich. Natürlich war ich kein Stalker, aber manchmal erwischte ich mich dabei, wie ich an meinem Fenster stand, nur um zu gucken, ob sie mir wieder von gegenüber zusah.

Doch als ich so Ausschau nach ihr hielt, sah ich etwas, das mich zutiefst erschreckte.

Sie stand, wie so oft, oben hinter den dünnen Gardinen und starrte zu mir rüber. Wie immer stand sie dort still, regungslos. Doch während mein Blick zunächst auf ihr ruhte, bemerkte ich plötzlich etwas anderes. Durch das Fenster des Zimmers, das direkt neben ihrem lag, erblickte ich etwas, das mir das Blut in den Adern gefrieren ließ. Die Sonne stand schon relativ niedrig, weshalb ich nicht alles perfekt erkennen konnte, doch eindeutig erkannte ich eine seltsame, haarlose Gestalt. Ein Wesen, das halbwegs menschlich aussah. Es war an die zwei Meter groß, hatte eine merkwürdig helle Haut. Das Seltsamste aber war das Gesicht. Es hatte keine Augen, sondern nur zwei leere Augenhöhlen, die sich an den Stellen befanden, wo seine Augäpfel hätten sein müssen. Ich bin mir sicher, dass die Augenhöhlen leer waren, da ich kein Weiß und auch keine Details wie Augenlider erblicken konnte. Die Haut dieses Wesens legte sich eng an seinen deformierten Schädel und ich sah knöchrige Einbuchtungen. An seinem ganzen Körper stachen Knochen hervor, jede einzelne der dünnen Rippen war deutlich sichtbar, und auch die lange, spitz herausragende Wirbelsäule stach förmlich durch die dünne bleiche Haut.

Mein Blick blieb wie festgeklebt an diesem Ding haften. Leider war es mir nicht möglich zu erkennen, was es tat, doch es wirkte so, als würde es in irgendetwas herumkramen. Fast so, als durchsuchte es das Haus, als wäre es auf der Suche nach etwas Bestimmtem. Und dann sah ich, wie es einen kleinen hölzernen, oben mit einem Deckel verschlossenen Korb hervorholte und damit in der Dunkelheit der Wohnung verschwand.

Es war ein verstörender Anblick. Ich wich vom Fenster zurück und ließ mich zu Boden sinken. Die Gedanken kreisten in meinem Kopf. Was war das für ein Ding? War das ein Mensch? Und was war in dem kleinen Korb? Ich versuchte, die Situation zu begreifen. Immer wieder sah ich vor meinem inneren Auge diese seltsame Gestalt. Die leeren Augenhöhlen, die blasse Haut, die spitze Wirbelsäule. Das konnte kein Mensch sein! Ich versuchte, mir diesen Anblick irgendwie zu erklären, Tausende Gedanken irrten durch mein Gehirn. Doch dann wurden alle Überlegungen beiseitegedrängt. Nur noch ein Gedanke dominierte meinen Kopf.

Die Frau ist mit dem Monster da drüben alleine!

Was, wenn sie von dem Wesen nichts wusste? Was, wenn das Wesen sie gefangen hielt? Was, wenn sie in Gefahr war?

Ich wusste, was zu tun war. Sämtliche Angst wischte ich beiseite und stand auf, lief die knarrende und knarzende Treppe hinab und rannte aus dem Haus. Ohne Zeit zu verlieren, musste ich zu ihr, ich musste sie retten! Beim Hinauseilen schnappte ich mir noch schnell eine Schaufel, die ich nach der Gartenarbeit in meinem Vorgarten liegen gelassen hatte, um diesem Ding nicht vollkommen unbewaffnet gegenüberzustehen.

Doch gerade als ich aus meinem Gartentor stürmte, sah ich, dass sie bereits das Haus verlassen hatte. Mit ihrem unverkennbaren gekrümmten Gang lief sie die Straße hinunter. Instinktiv blickte ich zu ihrem Haus. Die Tür stand einen Spalt offen. Ich schaute hoch zu dem Fenster, hinter dem eben noch die Kreatur umhergeschnüffelt hatte. Wo war sie nur hin?

Das Wesen war weg. Genaustens ließ ich meinen Blick über alle Fenster der Hausfront wandern. Abgesehen von meiner Nachbarin, die gerade anfing, die Straße entlangzuschlurfen, konnte ich nichts Auffälliges erkennen. Mit schnellen Schritten eilte ich ihr hinterher und rief ihr zu, dass sie warten müsste und dass es wichtig wäre, was ich ihr zu sagen hatte. Ich wusste nicht, wie ich ihr sagen sollte, dass ich ein Monster in ihrem Haus gesehen hatte. Vielleicht würde sie mich für verrückt halten und erst recht nichts mit mir zu tun haben wollen. Doch ich war mir so sicher, dass dieses Ding echt war. Dass ich es wirklich gesehen hatte. Und es war vermutlich weiterhin in ihrem Haus.

„Hey, warte!", rief ich ihr zu.

Sie ignorierte mich. Ihr langsamer Gang nahm an Geschwindigkeit zu, sie wertschätzte meine Existenz mit keinem Blick und keiner Antwort.

„Entschuldigung?" Ich hoffte noch immer, dass sie nur für einen Moment meiner Sorge Gehör schenkte.

Aber erneut, keine Antwort. Sie wollte offensichtlich nicht mit mir reden. Ich entschied mich, in mein Haus zurückzugehen, und ließ die hölzerne Tür ins Schloss fallen. Hier ging etwas Seltsames vor, die Sache war mit Logik nicht zu erklären. Da war ich mir sicher. Und draußen auf der Straße war weder sie noch ich sicher.

Einen Tag später wollte ich erneut versuchen, ihr klarzumachen, dass sie in Gefahr war und dass sie mit mir mitkommen sollte. Ich lief ihr ein paar Schritte nach, während sie wie gewohnt die Straße entlangschlurfte, als ich plötzlich etwas bemerkte.

Da war ein Merkmal an ihrem Nacken, das mir erst jetzt ins Auge fiel. Von ihrem Hals an abwärts zog sich eine Linie, die wie eine Narbe aussah. Ein bräunlich vernarbt aussehender Strich ging von ihrem Haaransatz hinab und verschwand an ihren Schulterblättern unter einer der vielen Kleidungsschichten. In diesem Moment konnte ich mir vorstellen, was hier los war. Meine Gedanken klangen zwar absurd, aber diese Gefahr musste ich ernst nehmen.

Wusste sie vielleicht tatsächlich von diesem Wesen? Wurde sie wirklich von dem Monster gefangen gehalten? Vielleicht ließ es sie ab und an nach draußen, unter der Bedingung, dass sie mit niemandem sprach. Vielleicht ließ es sie Lebensmittel kaufen oder wollte durch die Ausgänge verhindern, dass Menschen sich Sorgen um ihren Verbleib machten. Das würde ihre Schweigsamkeit und ihr seltsames Verhalten erklären. Was, wenn sie die Narbe von diesem Monster zugefügt bekommen hatte, weil sie nicht gehorchen wollte?

Ob ich nun richtig lag oder nicht, ich wusste, dass sie in Gefahr war. Ich wusste, dass ich sie retten musste. Nachdem sie, als ich dicht hinter ihr ging, ihr Schritttempo anhob und sich von mir entfernte, drehte ich mich um und lief zurück in Richtung meines Hauses. Ein paar Momente würde ich zum Nachdenken brauchen.

Als ich vor meinem Grundstück stand, rief ich ihr noch ein letztes Mal nach. Ein letzter Versuch, normal mit ihr in Kontakt zu treten. Sie sah mich jedoch nicht einmal an, drehte sich nicht zu mir um. Mein Blick wanderte noch einmal zu ihrem Fenster. Das Wesen war nicht da gewesen, zumindest nicht sichtbar. Hatte es mich etwa bemerkt? Wusste es vielleicht, dass ich meine Nachbarin beschützen wollte? Oder hatte ich mir doch alles nur eingebildet? Die leicht geöffnete Tür des Hauses, die sie beim Verlassen nie verschloss, erschien mir plötzlich wie eine Einladung, mit der ich auf all meine Fragen eine schnelle Antwort bekommen könnte. Vielleicht ließ sie die Tür bewusst offen stehen, damit irgendwer hineinginge und das Monster sähe. Damit jemand diese Kreatur beseitigen und sie aus ihren Fängen befreien würde.

Noch einmal schaute ich meiner Nachbarin nach. Wie in Trance lief sie weiter die Straße entlang. Mit festem Griff umklammerte ich die Schaufel und entschloss mich, den Weg der schnellen Antwort zu nehmen.

Dieses Wesen musste beseitigt werden, sie war zu schwach und traute sich vermutlich nicht, gegen das Monster zu kämpfen, daher war es meine Aufgabe, sie zu befreien. Vorsichtig betrat ich ihr Haus, ich versuchte, leise zu sein und keine unnötigen Geräusche zu machen. Es war völlig heruntergekommen. In den Ecken des Flures sah ich starken, tiefschwarzen Schimmelbefall, die Tapeten blätterten von den Wänden und rollten sich am Boden zusammen und an der Decke hingen offene Kabel, an denen früher wohl mal Lampen befestigt gewesen waren.

Vorsichtig schritt ich über den staubigen Boden. Dieses Haus war vermutlich nach dem gleichen Grundriss gebaut wie meines. Also stieg ich die alte, knarrende Treppe hinauf. Auch wenn ich versuchte, leise zu sein, war es schwierig, keinen Lärm auf den knarzenden Dielen zu erzeugen. Oben angekommen sah ich mich gründlich um. Es war kein Monster zu sehen.

Ich schlich in das Zimmer, wo Tage zuvor das Ding am Fenster gestanden hatte. Die Tür war offen, doch im Inneren war keine Kreatur zu erblicken.

Neugierig ließ ich den Blick schweifen, gleichzeitig suchte ich nach irgendwelchen Hinweisen oder gar Beweisen für die Existenz der Kreatur. Es wäre nicht zwangsläufig nötig, einen Kampf heraufzubeschwören, zumal ich nicht wusste, ob ich einen solchen überhaupt gewinnen könnte. Wenn ich jedoch einen klaren Beweis hatte, dass etwas Unerklärliches in diesem Haus sein Unwesen trieb, dann würde mir die Polizei eventuell Gehör schenken.

Der Boden war zugemüllt mit Frauen- und Männerkleidung, die, ihrem Anblick nach zu urteilen, schon eine ganze Weile verstreut auf dem Hartholzfußboden lagen. Auch einzelne Stofffetzen und abgerissene Fäden fielen mir auf, aber keine Spur von dem schrecklichen Wesen, das ich vor ein paar Tagen hier gesehen hatte.

Ich entschied mich, den letzten Raum im oberen Stockwerk zu erkunden, das Zimmer, in dem meine Nachbarin immer stand und zu mir hinüberstarrte. Mich mit leeren Blicken aufforderte, ihr Held und Erlöser zu werden.

Ich schob die angelehnte Tür behutsam auf und meine Augen weiteten sich, als ich eine Silhouette erblickte, die im Raum scheinbar auf mich gewartet hatte. Erschrocken schlug ich mir die Hände vors Gesicht. Was war das? Für einen Moment dachte ich, es wäre das gruselige Wesen. Doch als sich meine Augen langsam an die Lichtverhältnisse gewöhnten, erkannte ich nahe des Fensters lediglich einen hölzernen, leblosen Mannequin. Ich atmete tief durch und mein Puls normalisierte sich wieder. Kurzzeitig schoss mir der Gedanke durch den Kopf, dass ich vielleicht einen Mannequin als Monster fehlinterpretiert hatte. Sollte dies der Fall sein, dann würde meine Nachbarin in mir sicherlich nicht den strahlenden Helden sehen, sondern einen perversen Einbrecher.

Ich sah mich weiter um. Auch dieses Zimmer war staubig und mit Schimmel überzogen. Den Ort als ein Gesundheitsrisiko zu bezeichnen wäre noch eine Untertreibung. Die Einrichtung bestand lediglich aus einem alten Schrank aus dunklem Zedernholz, dem Mannequin und einer dunkelbraunen Anrichte, auf der ein kleiner hölzerner Korb stand. Dieses Objekt kam mir vertraut vor. Als ich den Korb das erste Mal gesehen hatte, hielt das Monster ihn in seinen dürren Händen. Der Korb erinnerte mich an eine alte Nähbox, wie meine Großmutter eine hatte.

Während mein Blick noch auf den Korb fixiert war, fiel mir der seltsam süßliche Geruch auf, der langsam in meine Nase kroch. Ein Geruch, der beim bloßen Einatmen durch den ganzen Körper zog, mir den Magen umdrehte und einen bitteren Geschmack auf der Zunge hinterließ. Mit einer Hand vor der Nase ging ich durch das Zimmer, sah mir den Mannequin genauer an und bemerkte, dass er irgendwie schmierig oder auch leicht feucht wirkte. Vermutlich hatte der Schimmel von den Wänden auch ihn befallen.

Doch als ich mich danach dem Schrank näherte, merkte ich, dass der faulig süße Duft stärker und stärker wurde. Was auch immer der Ursprung dieses Geruches war, es war im Schrank zu finden. Irgendetwas war dort drinnen. In meinem Kopf kam sofort das Bild auf, wie sich das Wesen in dem Schrank versteckte, als es hörte, dass ich das Haus betrat. Nie zuvor hatte ich darüber nachgedacht, wie Monster wohl rochen, doch der Duft, der meinen Körper zum Erschaudern brachte, war zumindest meiner Meinung nach sehr passend. Kurz spielte ich mit dem Gedanken, das Haus zu verlassen, doch dann wäre alles vollkommen sinnlos gewesen. Die junge Frau wäre immer noch in Gefahr, das Wesen noch in ihrem Haus und ich hätte weiterhin keine klaren Antworten. Mit zitternden Händen griff ich nach den metallenen Türknäufen und mit einem starken Ruck zog ich den Schrank auf.

Für einen Moment hielt ich den Atem an.

Aus dem Inneren blickte mir kein Wesen und auch kein Monster entgegen. Stattdessen hing dort, aufgehängt an einem hölzernen Kleiderbügel, die schlaffe, schimmelige und teilweise ausgeleierte Haut eines alten Mannes. Maden und Fliegen tummelten sich in Nase, Ohren, Mund und anderen Öffnungen, die sich durch die Verwesung in der Haut gebildet hatten. Und dann wurde es mir schlagartig klar: Das halb verweste Gesicht, das hier vor mir hing, sah genau so aus wie der alte Mann, den die Familie Brychczy mir beschrieben hatte. Das auffällige Muttermal über dem Auge ließ keine Zweifel.

Ich riss meinen Blick von dem toten Gesicht los und bemerkte etwas am Rücken der Haut. Ich traute meinen Augen kaum.

Dort befand sich die gleiche Narbe, die ich zuvor bei dem jungen Mädchen gesehen hatte. Nur dass diese Narbe einen Spalt geöffnet war. Ich konnte kleine Löcher an den Seiten erkennen, die aussahen wie Einstiche. Schlagartig wurde mir klar, was hier vor sich ging.

Die Fäden am Boden, der Mannequin, der braune Holzkorb, der mich an die Nähkiste meiner Oma erinnerte.

Das waren keine Narben

Es waren Reißverschlüsse.

Schockiert taumelte ich zurück, mein Blick klebte weiterhin förmlich an der modrigen Haut, bis ich mit dem Rücken gegen die Hauswand stieß.

Mein Herz raste und meine Atmung wurde unaufhörlich schneller. Mir wurde schlecht.

Als ich es endlich schaffte, meinen Blick von der Haut zu lösen und noch mal zum Mannequin zu schauen, der nun quasi direkt neben mir stand, sah ich, wie auch über ihn die Fliegen krabbelten und sich am feuchten Film labten, der darauf zurückgeblieben war. Nun verstand ich, warum das junge Mädchen mich so leblos und still anstarrte, wenn ich es von meinem Fenster aus beobachtet hatte.

Ihre über den Mannequin gestülpte Haut hatte schließlich auch keine Möglichkeit, sich zu bewegen.

In meinem Kopf ging ich unterschiedliche Szenarien durch. Ich versuchte, meine nächsten Schritte zu planen, als ich plötzlich eine Bewegung hinter dem Fenster wahrnahm.

Im Vorgarten des Hauses stand die junge Frau. Ihr Blick war direkt auf mich gerichtet. Das verzerrte und schräg aufgesetzte Gesicht sorgte dafür, dass ihre trüben Augäpfel beinahe herausquollen.

Die ganze Zeit hatte ich mich gefragt, ob das Monster sehen konnte, doch während es nun zu mir hinaufstarrte, war ich mir sicher, dass es meine Anwesenheit bemerkt hatte.

Und mit einem Mal hatte ich nur noch ein Ziel vor Augen: überleben.

Flugmodus
Ein

FLUGMODUS

Ich kann die Euphorie gar nicht in Worte fassen, die ich damals verspürte, als ich in meinem Briefkasten den lang ersehnten Umschlag meiner Universität fand, die mir bestätigte, dass ich für mein Auslandssemester zugelassen worden war. Schon lange war es mein Wunsch gewesen, abseits von kurzen Hotelurlauben mein Heimatland zu verlassen und etwas mehr von der Welt zu sehen und meinen Horizont zu erweitern. Als ich dann die E-Mail bekam, dass meine Universität Stipendien vergab, um sechs Monate lang in den USA zu studieren, musste ich mich einfach sofort dafür bewerben.

Konkret ging es um einen Studienplatz an der Boston University und ich war so aufgeregt, als der Tag der Reise immer und immer näher kam. Schon bevor der Abreisetag da war, konnte ich tagelang nicht ordentlich schlafen. Meine Gedanken kreisten darum, ob ich schon alles Notwendige besorgt hatte, ob ich trotz guten Englischkenntnissen dennoch Probleme bei der Verständigung haben würde und ob ich schnell einen Job dort finden könnte, um meine Reisekasse etwas aufzubessern.

Doch ehe ich mich versah, war es so weit. Früh an einem Frühlingsmorgen, der dicke Nebel hing noch tief auf den Feldern, fuhren mich meine Eltern zum Frankfurter Flughafen, umarmten mich vorm Eingang zum Terminal noch einmal innig und meine Mutter beschwor mich mehrfach, dass ich ihr schreiben sollte, sobald ich gelandet und im Wohnheim angekommen war. Sie war wie so oft übervorsichtig und besorgt, doch meistens habe ich meinen Eltern, obwohl ich mittlerweile 20 war, gehorcht und ich versicherte ihnen auch diesmal, dass ich mich schnellstmöglich melden würde.

Dann ging es durch die klassischen Stationen am Flughafen: Koffer wegbringen, Flugticket holen, Sicherheitskontrolle und endloses Warten am Gate, bis endlich das Boarding begann. Erst als ich auf meinem überraschend gemütlichen Platz in der 29. Reihe am Fenster saß, konnte ich mich etwas entspannen. Zwölf Stunden dauerte der Flug. Bisher war ich nie länger als drei oder vier Stunden geflogen, doch dies war dann eben die erste von vielen neuen Erfahrungen, die ich auf dieser Reise machen würde, dachte ich mir. Dass dieser Flug anders verlaufen würde als erwartet, hätte ich unmöglich erahnen können.

Ihr müsst nämlich wissen, ob aus Leichtsinn oder aus Trotz, entschied ich mich kurz nach dem Start des Fliegers eine bestimmte Vorgabe der Fluggesellschaft zu ignorieren. Zu Beginn wurde über alle in den Sitzen vor uns eingebauten Fernsehern, ein informatives Video gezeigt, das uns mit den Sicherheitsvorkehrungen im Flieger vertraut machen sollte. Es waren die typischen Dinge: Verstauen Sie Ihr Gepäck im Fach über Ihnen, dieser Flug ist ein Nichtraucherflug, im Falle eines Druckverlustes fallen Masken von der Decke und so weiter und so fort. Doch ein Satz wurde gegen Ende der Ansage hin besonders betont: In roten Lettern war zu lesen, dass alle mobilen Endgeräte wie Handys oder Tablets während des gesamten Fluges unbedingt ausgeschaltet oder im Flugmodus sein sollten.

Bisher war ich dieser Anweisung stets gefolgt. Es war immer eine Selbstverständlichkeit für mich; wenn die Fluggesellschaft dies wollte, warum sollte ich es dann nicht tun? Doch dieses Mal war das anders. Denn ganz ehrlich, was sollte schon passieren?

Ich kenne viele Gerüchte darüber, warum man angeblich diesen Schritt zur Flugsicherheit befolgen sollte, manchmal heißt es, dass die Handysignale die Technik des Flugzeuges stören können oder Funksprüche von den Piloten blockieren, und ein anderes Mal, dass es verhindern soll, dass Handys in der Luft überhitzen.

Soweit ich aber weiß, gibt es keinen berechtigten Grund zur Sorge, es ist nicht so, als würde das Flugzeug abstürzen, nur weil man das Handy nicht ausschaltete oder gewisse Funktionen deaktivierte.

Es wäre nur ein Fingertippen gewesen, nicht mehr und nicht weniger, den Flugmodus auf meinem Smartphone zu aktivieren, doch bei diesem Flug entschied ich mich einfach dagegen.

Das Flugzeug hob ab und die ersten Stunden waren relativ ereignislos, ein bisschen döste ich vor mich hin, bekam ein wenig appetitliches Mittagessen ausgeteilt und schaute ein paar Serien, die ich zuvor heruntergeladen hatte, auf dem Smartphone, als ich plötzlich eine Mitteilung auf meinem Handyscreen angezeigt bekam. Es war eine Push-Benachrichtigung, dass jemand via AirDrop versuchte, sich mit meinem Handy zu verbinden. Ich sah nach, um wen es sich wohl handelte, doch in der Anzeige, wo normalerweise der Name der Person stand, war kein einziger Buchstabe eingetragen. Es war einfach ein leeres weißes Feld. So etwas hatte ich zuvor noch nie gesehen. Da AirDrop ein Programm ist, das im Flugmodus nicht funktionierte, ging ich davon aus, dass neben mir noch jemand weiteres sich weigerte, den Anweisungen der Fluggesellschaft Folge zu leisten. Neugierig klickte ich auf „Akzeptieren“ und war gespannt, was die Person mir wohl schicken würde. Zu meiner Überraschung handelte es sich lediglich um eine kurze Nachricht: „Flugmodus nicht aktiviert?“

Ich öffnete ein Schreibprogramm und schrieb schnell nieder, dass er mit seiner These richtiglag und wie er denn hieß. Doch als ich diese Datei zurückschicken wollte, stellte ich fest, dass mein Handy keine Person in der Nähe finden konnte, der es etwas schicken könnte. Die Person mit dem fehlenden Namen war nicht in der Kontaktliste aufgeführt.

Etwas verwundert starrte ich auf den Bildschirm. Da ploppte schon eine neue Nachricht von diesem geheimen Kontakt auf: „Du wirst nicht landen. Dies ist dein letzter Flug.“

Eine Nachricht, die mir ehrlich gesagt Angst machte, denn auch wenn Fliegen eigentlich so sicher ist und verschiedenste Scans von Gepäck und einem selbst durchgeführt werden, kamen mir sofort Bilder von Flugzeugentführungen und Terroristen in den Sinn. Bevor ich etwas tun konnte, bekam ich eine weitere Nachricht: „Bleib ruhig sitzen, sag niemandem Bescheid. Ich sehe dich!“

Dies war der Moment, in dem die schreckliche Tortur begann. Obwohl ich nur irgendwelche anonymen Nachrichten bekam, die durchaus jemand als Scherz verschickt haben könnte, fühlte ich mich wie eine Geisel. Langsam baute sich in mir eine Panik auf, die ich mit Atemtechniken versuchte, so gut es ging, zu unterdrücken. Mein seltsames Atmen sorgte bereits dafür, dass der ältere Mann, der auf dem Platz neben mir saß, mit verwundertem Blick zu mir rübersah.

Ich schaute erneut auf mein Smartphone, das wieder in meiner Hand zu vibrieren begann. Die Vorfreude, die ich bei der ersten Mitteilung verspürt hatte, war völlig verflogen und stattdessen spürte ich nur noch Angst in mir. Ich hob das Handy näher an mein Gesicht, um zu verhindern, dass andere Passagiere neben oder hinter mir einen Blick auf die Nachrichten erhaschen könnten. Eine Panik, die sich im Flugzeug verbreitete, wäre das Letzte, was wir gebrauchen könnten. Mit zittrigem Finger drückte ich auf die Mitteilung und sah mir die nächste Textdatei an, die die unbekannte Person mir geschickt hatte.

„Hast du wirklich solche Angst? Ich sehe, dass du Panik hast! Du zitterst mit dem Handy vorm Gesicht.“

Ich schaute mich vorsichtig im Flugzeug um. Wer auch immer mir diese Nachrichten schickte, musste in meiner näheren Umgebung sitzen, wenn er das erkennen konnte. Außerdem, wenn das Ganze ernst gemeint war, müsste die Person dicht genug an mir dran sein, um mitzubekommen, falls ich jemanden einweihen würde. Wer auch immer mein Peiniger war, er war ganz in meiner Nähe.

Die Reihe vor mir schloss ich schnell aus, sie könnten mich nicht beobachten, ohne sich sehr auffällig umzudrehen und über die Lehnen der Sitze zu gucken. Das würde ich mitbekommen. Es könnte allerdings sein, dass eine Person vor mir durch meinen beschleunigten Atem gehört hatte, dass ich Angst bekam, und mir deswegen diese Warnung geschrieben hat.

Und so kam ich auf eine Idee. Ich nahm ein Taschentuch und einen Stift aus meinem Rucksack, klappte den Tisch vor mir herunter und wollte heimlich eine Botschaft für eine der Stewardessen aufschreiben. Doch schon als ich die Kappe vom Stift öffnete, bekam ich das Gefühl, beobachtet zu werden. Vorsichtig sah ich mich um, doch ich konnte niemanden ausmachen, der seinen Blick auf mir ruhen ließ.

Gerade als ich den Stift auf das Taschentuch niedersinken ließ und anfing das Wort „Hilfe" zu schreiben, vibrierte das Handy auf meinem Schoß. Mit der einen Hand verdeckte ich das begonnene Wort, während ich mit der anderen Hand die Mitteilung anklickte.

„Hör auf zu schreiben!"

Nervös packte ich Tuch und Stift zurück in meinen Rucksack und klappte den Tisch vor mir wieder hoch. Damit war meine Vermutung bestätigt. Die aus den vorderen Reihen hätten niemals hören können, dass ich etwas auf das weiche Tuch geschrieben habe, und auffällig umgedreht hatte sich auch niemand. Das grenzte den Kreis der Verdächtigen schon einmal erheblich ein. Die Einzigen, die meiner Meinung nach noch infrage kämen, wären die Leute, die in meiner Reihe saßen, sowie die drei Passagiere, die sich hinter mir im Flugzeug befanden. Alle anderen müssten nahezu akrobatische Leistungen abrufen, um einen Blick auf mich zu erhaschen. Insgesamt kamen also gerade mal acht Leute infrage, mein Geiselnehmer zu sein.

Nervös mein Handy umklammernd sah ich mir die einzelnen Verdächtigen an. Der ältere Mann neben mir hätte mich am leichtesten beobachten können, doch den gesamten Flug hinweg, oder zumindest die Zeit, in der ich wach gewesen war, hatte er kein Handy benutzt, falls er überhaupt eines besaß. Als ich die Nachrichten bekam, löste er Sudokus auf einer billigen Zeitschrift, die er vermutlich am Flughafen gekauft hatte. Er fiel damit aus dem Kreis der Verdächtigen raus. Neben ihm saß ein Mann, der bereits seit bestimmt einer Stunde, mit dem Kopf auf der Brust, tief und fest schlief und schnarchte. Auch ihn konnte ich ausschließen.

Die drei Personen auf der anderen Seite des Gangs waren interessanter. Einer von ihnen schlief zwar ebenfalls, aber die zwei jungen Männer, die erst einmal nicht zusammenzugehören schienen, tippten am Handy. Ob sie schrieben oder irgendein Spiel spielten, konnte ich aus der Entfernung und dem Winkel nicht erkennen. Sie wären in der Lage gewesen, mir zu schreiben.

Als Letztes drehte ich mich vorsichtig um und spähte durch die Schlitze zwischen den Sitzen, um die Personen zu erkennen, die hinter mir ihre Plätze hatten. In der hinteren Reihe saß eine Familie, bestehend aus einem kleinen, vielleicht vier- oder fünfjährigen blonden Mädchen, das am Fenster saß und wie gebannt hinaus in die Wolkenlandschaft sah. Neben ihr saß eine um die 30-jährige Frau, vermutlich die Mutter. Sie schaute sich am Tablet irgendeinen Film oder eine Serie an, wie ich an den Spiegelungen in ihrer Brille erkannte. Die letzte Person dieser Reihe war vermutlich der Vater. Gerade eben so konnte ich erkennen, dass er am Handy irgendetwas tippte.

Damit hatte ich alle möglichen Geiselnehmer identifiziert: zwei junge Männer auf der anderen Seite des Mittelgangs und ein junges Paar mit Kind, das hinter mir saß. Allein dass sie mit ihrer Tochter auf diesem Flug waren, gab mir das Gefühl, dass sie vermutlich nicht diejenigen waren, die mich bedrohten, doch sicher konnte ich mir letztlich nicht sein.

Was könnte die Person mir oder diesem Flieger antun? Welches Motiv hatte der Täter? Und wer könnte es am ehesten sein? Und dann, während ich grübelte, ging die nächste Nachricht auf meinem Handy ein: „Genug umgesehen?“

Erneut schnürte sich mein Magen zu. Der Geiselnehmer hatte also definitiv mitbekommen, dass ich mich umgeschaut hatte. Mit nach vorn gerichtetem Blick schluckte ich schwer und nickte einmal.

Schon kurz danach vibrierte mein Telefon erneut und ein simples „Sehr gut“ war zu lesen.

Die folgenden 20 Minuten waren gefüllt mit kurzen Nachrichten, die jedoch ohne jegliche Forderungen oder Anweisungen auskamen, es waren nur Drohungen: „Du wirst sterben!“ „Ich werde das Flugzeug abstürzen lassen!“ „Freu dich auf dein Ende!“ Und so weiter. Die einzigen Nachrichten, die aus diesem Muster ausbrachen, waren Warnungen, wenn ich so aussah, als könnte ich jemanden um Hilfe bitten oder davon berichten, was passierte.

Immer wieder versuchte ich unbemerkt, die anderen Passagiere zu begutachten. Mittlerweile war die Familie hinter mir endgültig aus dem Kreis der Verdächtigen geflogen. Der Vater hörte Musik, ohne dabei sein Smartphone in der Hand zu halten, und die Mutter las eine Zeitschrift. Lediglich die beiden jungen Männer auf der anderen Seite waren noch an ihren Handys und somit zumindest theoretisch imstande, mir diese verstörenden Nachrichten zu schicken. Doch auch nach knapp einer halben Stunde war nichts Schlimmes passiert. Ich fragte mich, worauf der Täter wartete. Hatte er vielleicht Mittäter? Wartete er auf ein besonderes Zeichen, dass ein anderer Passagier ihm geben musste, um zu handeln? Oder war wirklich alles nur ein simpler Witz? Irgendwann entschied ich mich, etwas Mutiges zu tun. Einmal atmete ich tief durch, stand auf und quetschte mich an meinem Sitznachbarn vorbei, wobei ich die Person am Gang wecken musste. Mich interessierte, wie weit ich den Bogen überspannen konnte. Ich erwartete direkt die Vibration meines Smartphones, doch für den Moment blieb alles ruhig. Als ich dann im Gang stand, schaute ich zu meinen Hauptverdächtigen, ob ich erkennen konnte, was sie derzeit mit ihren Smartphones trieben. Ich hatte die Hoffnung, wenn auch nur für einen kurzen Moment, mitansehen zu können, wie einer von ihnen ein Schreibprogramm offen hatte oder dabei war, eine Datei via AirDrop zu versenden. Doch diese Hoffnung wurde schnell zunichtegemacht. Einer von ihnen scrollte durch seine Galerie und sah sich Bilder von sich selbst und einer jungen Frau an, die er verliebt im Arm hielt. Zudem konnte ich erkennen, dass er kein iPhone benutzte. Damit wäre er nicht in der Lage, via AirDrop mit mir zu kommunizieren.

Also blieb lediglich ein Verdächtiger übrig. Ein vielleicht 25-jähriger junger Mann mit hellbraunen Haaren, einem ungepflegten Dreitagebart und einer eckigen Brille auf der Nase. Er saß auf seinem Platz am Gang, hatte Kopfhörer in den Ohren und starrte auf seinen Homescreen, ohne etwas zu machen.

Mit relativer Sicherheit machte ich mich auf den Weg zu den Toiletten, die ungefähr zehn Reihen entfernt im mittleren Teil des Flugzeuges waren. Dort angekommen ließ ich mich auf die Klobrille fallen und atmete tief durch. Es war das erste Gefühl von Ruhe, das ich verspürte, seit ich diese erste unglückselige Nachricht angenommen hatte. Mein Problem war zwar nicht gelöst, doch ich hatte Antworten. Mein Täter war der junge Mann am Gang, es ergab alles Sinn, ich bekam keine Nachricht von ihm, als ich aufstand, da er vermutlich Angst hatte, dass ich es bemerken würde, wenn er mir schrieb, während ich quasi neben ihm stand. Deswegen wartete er bestimmt, bis ich außer Sichtweite war, und versuchte, unschuldig seinen Homescreen anzusehen, als gäbe es dort irgendwelche interessanten Informationen für ihn.

Und als ich auf dem Klo saß und versuchte, mich ein wenig zu beruhigen, fing mein Handy an, wie verrückt zu vibrieren. Mehrere Dateien, dicht an dicht, wurden mir überstellt. Ich nahm eine nach der anderen an und war verwundert, was ich las. Es waren insgesamt sieben Nachrichten, die alle einen ähnlichen Inhalt hatten: „Wo bist du hin?“ „Ich suche dich!“ Und: „Komm zurück!“

Es waren Nachrichten, die prinzipiell erwartbar gewesen sind, da ich meinen Platz verlassen hatte, doch es verwunderte mich trotzdem. Wenn meine Vermutung zuträfe, hätte er definitiv sehen müssen, dass ich aufgestanden und zum Klo gegangen war. War er in Gedanken gewesen, als ich aufstand, und hatte nicht bemerkt, wie ich an ihm vorbei den Gang entlang zur Toilette spaziert war? Schwer zu glauben.

Um die Person nicht weiter zu reizen und um zu verhindern, dass er durchdrehte, öffnete ich die Toilettentür, so laut ich konnte. Aufrecht, ohne mir anmerken zu lassen, dass irgendetwas nicht in Ordnung war, ging ich die Reihen entlang zu meinem Platz. Nebenbei ließ ich meinen Blick über die anderen Fluggäste schweifen.

Alles war normal, nichts war seltsam, bis ich an meiner Reihe ankam und für einen kurzen Moment stehen blieb. In der Reihe hinter meiner, in der mit der Familie, war etwas ganz und gar nicht normal. Die Mutter und der Vater sahen noch so aus wie zuvor, was mir aber Angst machte, war die Tochter. Sie saß kerzengerade auf ihrem Platz, der Kopf war nach vorne gerichtet zu dem Klapptisch und ihre Hände krallten sich auf beiden Seiten in die Armlehnen. In ihrem Blick jedoch lag der pure Horror. Ihre Augen waren weit aufgerissen und schienen, zumindest für den Moment, den ich dort verweilte, so, als würden sie nicht einmal blinzeln.

Nachdem ich mich von dem Anblick erholt hatte, quetschte ich mich über meinen Sitznachbarn zurück auf meinen Platz. Doch was war mit dem Mädchen los? Hatte sie etwas mitbekommen, wusste sie etwas? Ich wünschte, ich könnte sie fragen, doch ich wollte dem Mann, der mich aus der Ferne gefangen hielt, keinen weiteren Anlass zur Eskalation geben. Daher blieb ich ruhig sitzen und bekam schon kurze Zeit später die Nachricht: „Gut, dass du zurück bist!“

Danach ging es weiter wie zuvor. Minuten, die gefüllt waren mit Drohungen, Warnungen und einem mulmigen Gefühl, das immer schlimmer wurde.

Langsam wurde es mir zu viel, sollte ich einfach warten, bis er Ernst machte und entschied, den Flug zu beenden? Sollte ich ihn angreifen? Oder würde das nur in einem

Tumult enden, den wir am Ende alle nicht überlebten? In Gedanken ging ich viele mögliche Szenarien durch, bis ich eine Idee hatte.

Vorsichtig klappte ich den Tisch vor mir wieder herunter und stellte als Tarnung meine Wasserflasche darauf. Der Tisch sollte lediglich verbergen, was ich darunter tat, denn kurz danach holte ich erneut das Taschentuch und den Stift aus dem Rucksack und schrieb, versteckt unter dem Tisch, eine kleine Nachricht. Es war kein Hilferuf und auch keine Warnung für die Stewardess, stattdessen war es eine Nachricht, die ich meinem vermeintlichen Peiniger zeigen wollte. Und tatsächlich schien meine Taktik zu funktionieren, ich bekam keine Nachricht von ihm, während ich die Wörter, ohne hinzusehen, niederschrieb.

Danach zog ich das Tuch, in der Handfläche versteckt, unter dem Tisch hervor und legte meine Hand, mit der Handfläche und dem Tuch zu ihm gerichtet, auf den Tisch vor mir. Ich achtete darauf, dass meine Hand so angewinkelt war, dass mein Sitznachbar nichts bemerken würde. Auf dem Tuch stand geschrieben: „Was willst du von mir?“ Mein Kopf war zwar nach vorn gerichtet, doch meine Augen schauten in seine Richtung, um es im peripheren Sichtfeld mitzubekommen, wenn er meine Nachricht las. In der anderen Hand hielt ich mein Handy, um die nächste Vibration zu spüren, wenn eine weitere Nachricht eingehen würde. Ungeduldig wartete ich, dass er von seinem Handy hochblickte und mich anschaute.

Nach geschlagenen zwei Minuten passierte es endlich! Ich bemerkte, wie er den Blick von seinem Smartphone hob und zu mir rübersah. Gerade so konnte ich erkennen, dass er den Zettel in meiner Hand entdeckt hatte und ihn las. Nun endlich drehte ich meinen Kopf und sah ihn an, ich erwartete, dass er etwas sagen würde oder eine weitere Nachricht schrieb, doch stattdessen schaute er mich nur verwundert an. Mit zusammengezogenen Augenbrauen und einem verwirrten Blick gestikulierte er etwas Unverständliches.

In diesem Moment fragte ich mich, ob er mich verarschen wollte, ob er sich dumm stellte, doch seine Verwirrung sah echt aus. Hatte ich mich vielleicht geirrt und den Falschen verdächtigt? Aber wer sonst käme infrage?

Stumm entschuldigte ich mich bei dem Mann, der mit einem abfälligen Kopfschütteln den Blick von mir abwendete. Ich ließ den Zettel aus meiner Hand auf den Tisch gleiten und starrte grübelnd vor mich hin, als mein Handy wieder vibrierte. „Was ich will? Dich leiden lassen!"

Wer auch immer der Aggressor war, er hatte den Zettel auf meinem Tisch gesehen. Nun wurde es mir zu viel, ich war verzweifelt, wütend und wollte, dass diese ganze Situation endlich vorbei war. Mit dem Stift in der Hand drehte ich das Tuch um. Auf der Seite, auf der von vorher bereits ein H geschrieben war, schrieb ich schnell: „Wo bist du?!" Ich wollte Antworten, ich wollte Klarheit. Der Zettel blieb offen auf dem Tisch vor mir liegen, es war mir mittlerweile egal, was meine Sitznachbarn von mir dachten, ob man glaubte, ich wäre verrückt oder was auch immer. Ich hielt das Handy hoch vor mein Gesicht und wartete nur darauf, dass endlich die Nachricht einging, die mir Antworten gab.

Und nach vier Minuten war es endlich so weit. Nach vier geschlagenen Minuten vibrierte das Telefon in meiner schwitzenden Hand. Doch statt eines Textdokumentes wie zuvor handelte es sich diesmal um ein Foto.

Ich drückte auf „Annehmen" und sah zu, wie sich der Ladebalken langsam füllte.

30%, gleich bekomme ich Klarheit.

50%, ich werde wissen, wo er ist.

65%, ich werde wissen, wer er ist.

93%, danach kann ich weiter überlegen, was ich tun sollte.

Als dann die 100% endlich erreicht waren, klickte ich auf den Anzeigeknopf und spürte, wie mein Herz für einen Moment, der sich wie eine Ewigkeit anfühlte, aufhörte zu schlagen. Meine Atmung setzte aus, mein Blick erstarrte, ähnlich wie bei dem Mädchen hinter mir, und ich glaubte, mein Magen würde sich gleich umdrehen.

Das Bild zeigte nicht meinen Peiniger oder die Reihe, in der er saß. Das Foto zeigte mich. Es zeigte mich, wie ich auf meinem Platz saß und mit starrem Blick mein Handy anstarrte und auf die Nachricht wartete.

Das Verstörende aber war, dass dieses Bild nicht von einer anderen Reihe im Flieger gemacht worden war. Das Foto wurde durch mein Fenster von außerhalb des Flugzeuges aufgenommen.

Was auch immer mir diese Nachrichten geschickt hatte, was auch immer mich seit knapp einer Stunde terrorisierte, es war nicht bei mir im Flugzeug. Es war außerhalb und es hatte mich durchgehend durch das Fenster beobachtet.

Nun verstand ich auch, was das Mädchen hinter mir durch das Fenster erblickt haben musste. Langsam drehte ich mich um und bemerkte, wie sie weiterhin mit starrem Blick dort saß, aber die Blende am Fenster heruntergezogen hatte.

Mein Telefon vibrierte noch ein paar Male, doch ich nahm keine weitere Nachricht von diesem Ding an, das am Flugzeug hing. Nach ein paar Minuten schob ich, ohne hinzusehen, die Blende an meinem Fenster herunter und schaltete den Flugmodus ein, damit die Nachrichten endlich aufhörten einzugehen.

Seitdem ist einige Zeit vergangen und die Landung in Boston rückt in greifbare Nähe.

Obwohl ich keine Nachrichten mehr bekommen habe, bin ich mir sicher, ab und zu ein seltsames Geräusch zu hören, als krabbele über mir etwas das Dach des Flugzeuges entlang. Es klingt nicht menschlich.

Ich frage mich, ob die Fluggesellschaft davon weiß und deswegen fordert, den Flugmodus einzuschalten.

DIE GEDANKEN MEINER MUTTER

Viele Menschen glauben an ein Leben nach dem Tod, und ich rede jetzt gar nicht unbedingt von einer religiösen Vorstellung vom Himmel oder vom Nirwana. Ich spreche über die Reinkarnation. Die Wiedergeburt eines Menschen als ein neuer, völlig anderer Mensch.

Weltweit gibt es unzählige Personen, die fest davon überzeugt sind, dass sie früher einmal jemand anderes waren. Teilweise erinnern diese Leute sich an Ereignisse von früher, an ihren alten Namen, alte Bekannte und viele andere Dinge. Es ist schon ziemlich faszinierend, über diese Thematik nachzudenken, und ich muss zugeben, dass auch ich fest davon überzeugt bin, dass ein Leben nach dem Tod existiert. Doch dies ist für mich nicht nur eine Vermutung, ich habe selbst meine Erfahrungen damit gemacht und bin mir sicher, dass ich früher einmal jemand anderes gewesen bin.

Bereits als ich ein kleines Kind war, konnte ich mich genau an ein früheres Leben erinnern, das weiß ich. Einerseits weil ich bis heute noch einige Erinnerungen, wenn auch nicht mehr so viele wie früher, behalten habe und andererseits weil meine Mutter quasi bei jedem Weihnachtsfest erzählt, wie ich früher immer behauptet hatte, dass ich eigentlich ein Hellseher namens Gilbert war, der die Gedanken von Menschen lesen konnte und damit sein Geld verdiente. Sie hält das wohl immer noch für eine lustige und süße Geschichte. Außerdem erzählt sie dann immer davon, wie kreativ ich als Kind war, dass ich mir eine Geschichte rund um Gilbert ausgedacht hatte und sogar selbst manchmal die Gedanken meiner Familie lesen konnte – oder ihrer Meinung nach eher so tat.

Wie viel Wahrheit hinter den Dingen steckte, die ich damals sagte und tat, wusste sie nicht. Denn ihr müsst wissen, dass es ein sehr bekanntes Mysterium gibt, das nicht erklärt werden kann. Immer wieder kommt es vor, dass Kinder in der Lage sind, sich an frühere Leben zu erinnern. Manche wissen erschreckende Details, können genau benennen, wie sie starben, wo sie gelebt haben und manchmal sogar, wer ihr

Mörder war. Wenn die Kinder dann älter werden, verlieren sie diese Erinnerungen häufig komplett, beinahe so, als wolle das Gehirn die Dinge löschen, die eigentlich nicht da sein dürften. Einige gehen davon aus, dass gerade junge Kinder sich an diese früheren Leben erinnern, weil es noch nicht so lange her ist, dass sie selbst jemand anderes waren.

Auch ich war so ein Kind, das sich daran erinnern konnte, einmal ein anderer Mensch gewesen zu sein. Glücklicherweise gehöre ich zu den wenigen, die manche Erinnerungen über all die Jahre hinweg behalten haben. Wie erwähnt wusste ich, dass ich einst ein Mann namens Gilbert Driver gewesen bin, der mit einem Zirkus in den 1870er-Jahren durch die USA reiste. Als ich klein war, konnte ich vor meinem inneren Auge noch genau die alten Zirkuszelte sehen und die hölzernen Schilder, auf denen die Namen und handgemalte Bilder der Acts abgebildet waren. Auch wenn ich mich heute an die Namen meiner Kollegen von damals nicht mehr erinnern kann, weiß ich noch genau, dass ich als „Glorious Gilbert, der atemberaubende Hellseher, der deine Gedanken lesen kann", relativ bekannt war. Zwar war ich nicht die Hauptattraktion im Zirkus, die Besucher kamen eher, um die Elefanten zu sehen, die in zu kleinen Käfigen eingesperrt waren, bis ihre Zeit im Rampenlicht gekommen war. Aber ich war trotzdem eine beliebte Anlaufstelle für die vielen Besucher, die wir jeden Tag begrüßen durften. Noch heute beeindruckt es mich, dass ich die Shows von damals zwar verschwommen und schemenhaft, aber dennoch ganz zweifelsfrei in meinen Erinnerungen abrufen kann.

Mein Platz befand sich in einem relativ kleinen Zelt, das mit bunten Bildern von Sonnen und Monden, Tieren und Augen geschmückt war. Auf meinem hölzernen Klapptisch war eine violette Seidendecke ausgebreitet und Kerzen standen in goldfarbenen Haltern darauf. An die große Glaskugel, die stets vor mir stand, kann ich mich auch noch erinnern. Angeblich konnte ich mithilfe dieser Kugel die Gedanken der Menschen sehen, die mich aufsuchten. Das war natürlich völliger Blödsinn, es war nur eine simple Kugel mit einigen Brüchen, aber für die Show war es immer ein netter, wenn auch klischeehafter Effekt.

Jedenfalls kamen zahlreiche Menschen in mein Zelt und wollten meine Fähigkeiten auf die Probe stellen. Sie fragten mich viele Dinge, auf die ich ihnen die passenden Antworten bieten sollte. „Wie heiße ich?“ „Wie alt bin ich?“ „Was habe ich heute Mittag gegessen?“ Und so weiter. Typische Fragen eben, doch tatsächlich war ich stets in der Lage, die richtigen Antworten zu nennen. Denn ich konnte wirklich die Gedanken der Menschen lesen. Wenn man mir eine Frage stellte, bat ich die Person darum, ganz fest an die richtige Antwort zu denken, und wenn die Personen dies taten, sah ich die Antwort klar in den Gedanken.

Wenn man heutzutage an Gedankenlesen denkt, dann fallen einem bestimmt irgendwelche Filme oder Serien ein, in denen man die Stimmen der „zu lesenden“ Menschen hört, wie sie in ihren Gedanken gerade mit sich selbst sprechen. Doch ganz so ist es nicht. In Wahrheit denkt der Mensch gar nicht mit einer klar vernehmbaren Stimme. Man denkt sich einfach Sätze und diese Sätze sind dann im Kopf der Person.

Wenn ich also die Gedanken der Menschen las, hörte ich keine Stimme, die zu mir sprach, sondern ich konnte ihre Sätze in meinem eigenen Kopf genauso sehen wie meine eigenen Gedanken.

Die klarste Erinnerung an so eine Show, die ich mit nun immerhin 20 Jahren noch habe, ist die an einen sehr stämmigen Mann mittleren Alters. Er kam eines Tages in mein Zelt und ließ sich geradezu in seinen Stuhl fallen. Der Stuhl knackte und knarzte dabei und ich weiß noch, dass ich Angst hatte, dass er brechen würde. Seine Begleitung war eine Dame, die einen ziemlich hochnäsigen Ausdruck im Gesicht hatte, so als ob sie mich von vornherein als Quacksalber und Lügner abstempelte. Der Mann sah mich mit gelangweilter Miene an und fragte mich, ob ich denn wüsste, als was er arbeitete. Eine relativ simple Frage, bei seinem groben

Anblick würden viele vermutlich an einen Fleischer denken, doch ich stützte mich nicht auf bloße Vermutungen. Stattdessen sagte ich ihm, er sollte klar an die Antwort denken. Er sollte also wirklich denken: „Ich bin Metzger“, oder was auch immer sein Beruf war. Das sollte er dann immer und immer wieder im Kopf wiederholen.

Der Mann tat wie befohlen und ich konzentrierte mich. Ihr müsst wissen, meine Fähigkeit war nicht dauerhaft aktiv, es war nicht so, als wären alle Gedanken meiner Umgebung stets in meinem Kopf präsent, ich musste die Fähigkeit aktiv ansteuern, damit sie funktionierte. Doch wenn ich mich fest genug konzentrierte, klappte es eigentlich immer. Das einzige Problem entstand dann, wenn andere Personen in der Nähe waren und ich fälschlicherweise deren Gedanken aufnahm. Wenn jemand stärker nachdenkt und grübelt, dann sind diese Gedanken auch deutlicher zu vernehmen, und je dichter die Personen beieinanderstehen, desto schwerer ist es zu unterscheiden, wem welche Gedanken gehören.

Ich achtete also sehr darauf, dass ich wirklich die Gedanken des Mannes und nicht die seiner Begleitung in mich aufnahm. Ich weiß noch ganz genau, dass ich darin lesen konnte, dass er Tischler war. Dies war ein Beruf, den man ihm normalerweise wohl nicht zugetraut hätte, da die meisten Tischler damals aufgrund der harten körperlichen Arbeit recht gut gebaut und durchaus sportlich waren. Bei der körperlichen Masse des Mannes war so ein Beruf mehr als abwegig, aber umso beeindruckender wäre dann doch meine Vorhersage.

Da es Teil meiner Show war, tat ich so, als würde ich die Kristallkugel nach der Antwort befragen, machte ein paar gruselige, summende Geräusche, sah danach dem Mann tief in die Augen und sagte: „Sie sind Tischler, mein Herr!“

Als ich diese Worte aussprach, und das weiß ich noch so gut, als wäre es gestern passiert, hörte ich, wie seine weibliche Begleitung laut aufheulte und ihr Lachen nicht unterdrücken konnte. Sie sagte mehrfach, dass ich weit danebenlag und ich nichts weiter als ein Betrüger wäre. Normalerweise hätte mich dies vermutlich aus der Fassung gebracht, einfach weil ich nie bei meiner Arbeit falschlag, doch am Gesicht des Mannes konnte ich klar erkennen, dass ich recht hatte. Wenn auch auf eine andere Art als erwartet.

Denn der Mann sah mich mit großen Augen an und es wirkte fast so, als wäre ihm der Atem gestockt. Dann räusperte er sich kurz, tippte seiner Begleitung auf die Schulter, wodurch diese verstummte, und sagte ihr, dass ich kein Lügner war. Denn in der Tat hatte er versucht, mich in eine Falle zu locken. Als ich ihm befahl, die Antwort in seinem Kopf zu wiederholen, hatte er sich absichtlich vorgestellt, Tischler zu sein. Meine Aussage war also dahingehend korrekt, dass ich seine Gedanken gelesen hatte.

Bevor er mir dann seinen richtigen Beruf nannte, bot ich ihm einen zweiten Versuch an. Schließlich wollte ich es der Frau ebenfalls beweisen. Erneut sagte ich ihm, dass er die Antwort, und dieses Mal die korrekte, in seinem Kopf visualisieren sollte, und erneut konzentrierte ich mich, zog meine übliche Show ab, sah ihm in die Augen und sagte: „Mein werter Herr, wie es aussieht, sind Sie Pfarrer."

Als ich dies sagte, war der Schock nun auch im Gesicht seiner Begleitung deutlich zu sehen.

Der Mann fing an zu lachen, er hatte ein tiefes Lachen, das aus seiner Brust kam und seinen ganzen Körper sich heben und senken ließ. Überglücklich lobte er meine Arbeit. Als er ging, gab er mir ein kleines Trinkgeld und verabschiedete sich.

Leider weiß ich darüberhinaus heute nicht mehr so viele Details von damals. Als ich ein kleines Kind war, waren die Erinnerungen viel lebhafter und klarer. Diese Bilder, an die ich mich damals wohl erinnerte, kenne ich heute nicht mehr. Sie sind lediglich in Erzählungen meiner Eltern und Kinderzeichnungen verewigt, die meine Mutter aufbewahrt hatte. Wie ich damals gestorben bin oder was noch in meinem Leben als Gilbert so passiert war weiß ich nicht mehr. Doch als Kind hatte ich diese Erinnerungen alle gehabt und noch mehr. Denn zusammen mit den Erlebnissen des vorherigen Lebens war auch die Fähigkeit des Gedankenlesens auf mich übergegangen.

Ich weiß noch ganz genau, dass ich als kleines Kind meinen Eltern versucht hatte zu erklären, dass ich ihre Gedanken in meinem Kopf sehen konnte, wenn ich mich anstrengte. Sie fanden das zwar sehr niedlich, aber sie glaubten mir nicht mal ansatzweise. Kein Wunder, so würde es vermutlich den meisten Eltern gehen.

Doch meine Kraft war echt gewesen und als Kind nutzte ich sie häufig zu meinem Vorteil. Wenn meine Eltern mir Spielsachen wegnahmen, weil ich etwas Böses getan hatte, las ich in ihren Gedanken, wo ich sie finden konnte, und holte sie mir wieder. Wenn jemand ein Geheimnis vor mir verbarg, dauerte es oft nicht lang, bis ich es herausfand, und in der Schule sprach ich einmal in meiner Freundesgruppe, die aus Jungen und Mädchen bestand, darüber, wer in wen verknallt war. Die Mädchen weigerten sich oft zuzugeben, wer es war, doch ich konnte immer klar in ihren Gedanken erkennen, dass ich es nie war.

Dies sind nur einige Beispiele von vielen. Niemand hatte mir je geglaubt, dass ich wirklich die Gedanken anderer lesen konnte, und wenn Leute, häufig aus Spaß, zu mir sagten, dass ich aufhören sollte, in ihre Köpfe zu gucken, glaubten auch sie eher an Zufall und nie, dass ich bewusst Dinge herausfinden konnte.

Diese Fähigkeit, genauso wie viele Erinnerungen an früher, blieben mir lange erhalten. Deutlich länger, als es bei diesen Dingen üblich ist, doch leider hatte es auch bei mir irgendwann ein Ende. Als ich 15 war, passierte es, dass ich eines Tages die Fähigkeit nicht mehr aktivieren konnte.

Ob ich die Kraft wirklich verloren habe oder die Erinnerung daran, wie man sie einsetzt, lediglich aus meinem Kopf gelöscht wurde, kann ich nicht sagen. Aber es zog mich damals schon ziemlich runter und bis heute hoffe ich noch, dass die Kraft irgendwann wieder zurückkehrt. Vor allem weil in den letzten Wochen, in denen die Kraft noch wirkte, etwas Gruseliges passierte, das mir bis heute keine Ruhe lässt und mir in manchen Nächten den Schlaf raubt.

Damals kam ich von der Schule nach Hause und alles wirkte relativ normal und ruhig. Leider war ich es gewohnt, dass meine Eltern sich oft stritten. Dies ging einige Jahre meiner Kindheit so, weswegen ich es meist vermied, ihre Gedanken zu lesen, da ich sonst häufig Dinge erfuhr, die ich entweder nicht hören wollte oder die mich wirklich traurig machten. Doch irgendwann besuchten meine Eltern einen Eheberater, der ihnen half, wieder zueinanderzufinden, und seitdem wirkten sie glücklicher als jemals zuvor.

Als ich heimkam, warf ich meinen Rucksack in mein Zimmer, wie ich es immer tat, und setzte mich an den Küchentisch. Meine Mutter hatte bereits das Essen vorbereitet und stand in der Küche, wo sie die Unordnung beseitigte, die das Kochen verursacht hatte.

Ehrlich gesagt weiß ich nicht, warum ich an diesem Tag tat, was ich tat, aber ich entschied mich, vermutlich aus Langweile, dazu, die Gedanken meiner Mutter zu lesen, während ich aß.

Ich konzentrierte mich und ohne Probleme kamen ihre Gedanken zu mir. Normalerweise dachte meine Mutter an nichts allzu Spannendes. Sie dachte über die Arbeit nach, über Serien und Bücher, ging ihre Termine für den Tag durch oder dachte an finanzielle Dinge. Langweiliger Erwachsenenkram eben.

Doch an diesem Tag war alles anders. Ich verschluckte mich beinahe an meinem Essen, als ich mitbekam, dass meine Mutter darüber nachdachte, jemanden zu ermorden.

Es klingt absurd, aber ohne jeglichen Grund dachte sie an diesem Tag darüber nach, dass sie jemanden töten wollte. Sie dachte keine Namen, aber ich hörte Dinge wie: „Ich will das Messer in seinen verdammten Wanst rammen!“, oder auch: „Das Gefühl, wie sein Blut über meine Hände läuft, kann ich kaum erwarten!“

Teilweise dachte sie sogar im Detail darüber nach, wie es sich anfühlt, wenn ein Messer durch menschliche Haut gleitet. Sie dachte daran, wie schwer es ist, durch die Fettschicht des Menschen zu schneiden, und wie oft die Klinge an Knochen und Muskeln hängen bleibt. Es klang so, als würde sie aus Erfahrung sprechen.

Beinahe in Ekstase ging meine Mutter gerade die grausamsten Mordfantasien durch, während sie nichtsahnend und vermeintlich harmlos in der Küche stand, von der warmen Sonne durchs Küchenfenster angeschienen wurde und die Theke sauber wischte.

Mir wurde flau im Magen und ich zwang mich, die Übertragung ihrer Gedanken zu stoppen. All diese Sachen wollte ich von meiner lieben und netten Mutter nicht wissen, ich wollte sie vergessen, doch dies war nicht möglich.

Während ich mir mein Mittagessen reinquälte und versuchte, meinen Mageninhalt drinnen zu belassen, redete ich mir ein, dass sie vielleicht einfach über ein verstörendes Buch nachdachte, das sie gelesen hatte. Normalerweise las mein Vater immer Krimis, in denen krasse Mordfälle geschildert wurden, doch vielleicht hatte meine Mutter eines dieser Bücher in die Finger bekommen.

Wenn das Ganze ein einmaliges Erlebnis gewesen wäre, hätte ich es vermutlich irgendwann verdrängen und vergessen können. Irgendwann wäre es vielleicht, wie die meisten Dinge, die der Mensch erlebt, nur noch eine Fußnote, die nur dann zurück in den Sinn kommt, wenn man aktiv daran erinnert wird. Doch leider war es kein einmaliges Erlebnis, sondern ereignete sich danach täglich.

Das nächste Mal las ich ihre Gedanken noch am selben Tag. Als wir gemeinsam mit meinem Vater aßen, kam ich nicht umhin, erneut ihre Gedanken zu überprüfen. Obwohl sie friedlich dort saß und sich ganz normal an den Gesprächen beteiligte, von ihrem Tag berichtete und meinem Vater Ratschläge für Probleme auf der Arbeit gab, drehten sich ihre Gedanken um ganz andere Dinge. Erneut spürte ich, dass sie übers Morden fantasierte. Ihre Gedanken sprachen davon, dass sie wieder das Geräusch hören will, wenn ein Messer durch Kleidungsschichten in den Körper sticht. Dass sie spüren will, wie ihr Opfer den letzten Atem aushaucht, und dass sie die Angst in den Augen des Ermordeten sehen will.

Ich wusste nicht, wie ich mit der Situation umgehen sollte. Ich konnte sie ja nicht einfach darauf ansprechen, zumal ich mittlerweile eine seltsame Furcht vor meiner eigenen Mutter verspürte und Angst hatte, was passieren würde, wenn ich sie damit konfrontierte.

Da ich dennoch meine Vermutung überprüfen wollte, fragte ich vorsichtig nach, ob sie in letzter Zeit irgendetwas Interessantes gelesen hatte. Meine Frage verwunderte sie sichtlich, da ich normalerweise relativ still mein Essen zu mir nahm und nur sprach, wenn ich etwas gefragt wurde. Sie sagte mir, dass sie seit langer Zeit kein Buch mehr gelesen hatte, weil sie abends zu müde dafür war. Um zu überprüfen, ob sie mir die Wahrheit sagte, las ich weiter ihre Gedanken. Wenn sie mich angelogen hätte, wäre vermutlich das Buch in ihren Gedanken zu sehen, das diese Fantasien hervorrief. Doch alles, was ich nun spürte, waren die gleichen blutrünstigen Wunschträume, die sie bereits heute Mittag hatte.

Den Abend über verbrachte ich viele Stunden damit, über die Situation nachzudenken. Meine Mutter war eine liebe und fürsorgliche Person, nie hätte ich ihr zugetraut, dass sie morden wollte, und doch sprachen ihre Gedanken eine andere Sprache. Glücklicherweise war es Freitag, wodurch meine Schlaflosigkeit kein Problem darstellte.

Gegen 23 Uhr ging ich noch einmal am offenen Schlafzimmer meiner Eltern vorbei. Die beiden schauten noch einen Film im Fernsehen zu Ende und meine Mutter bemerkte mich im Flur. Sie warf mir ein freundliches Lächeln zu. Gerne hätte ich erneut überprüft, woran sie dachte, doch da mein Vater direkt neben ihr lag, hätte ich vielleicht einfach nur seine Gedanken gehört. Das war die Anstrengung, die meine Fähigkeit von mir abverlangte, nicht wirklich wert.

Wie konnte diese Person, die ich mein Leben lang kannte, solche schrecklichen Fantasien und Gedanken haben? Zwar hatte ich keine logische Erklärung für dieses Vorkommnis, doch gleichermaßen glaubte ich nicht, dass meine Mutter wirklich eine mörderische Ader unterdrückte, geschweige denn schon einmal Morde begangen hatte.

Doch das Verdrängen dieser Situation wurde zunehmend schwerer. Denn Tag für Tag erwischte ich meine Mutter dabei, wie sie entweder nahezu in Ekstase den Akt des Mordens und das damit verbundene Gefühl der Freude durchlebte oder merkwürdig detailliert einen vergangenen Mord durchdachte. Die unheimlichste Beschreibung, die ich mitbekommen hatte, kam, als wir im Garten grillten. Seit dem ersten Mal, dass ich diese Gedanken gelesen hatte, waren bereits einige Tage vergangen. Doch während wir draußen am gedeckten Tisch, zusammen mit meinen Großeltern, saßen, bemerkte ich, wie meine Mutter mit ihrem Zeigefinger über den hölzernen Griff ihres scharfen Steakmessers hin- und herglitt. Ihr Blick war dabei fest auf meinen Vater gerichtet, der mit dem Rücken zu ihr stand und das Fleisch wendete. Erneut tauchte ich in ihre Gedankenwelt ein und hörte, wie sie darüber nachdachte, wie es wäre, das Messer in ihn zu rammen. Sie sagte zwar nicht seinen Namen, aber ich las die Worte: „Ich freue mich drauf, wenn endlich wieder mein Messer drin steckt“, oder auch: „Wenn das Blut mir ins Gesicht spritzt und Tropfen davon über meine Lippen fließen und meine Zunge benetzen.“

Ihr Blick war seelenruhig, während sie meinen Vater anstarrte und darüber fantasierte, ihn abzuschlachten und sein Blut zu schmecken. Die ganze Zeit hatte ich versucht, ihre Gedanken als einen ekelhaften Fetisch oder so abzustempeln, doch in diesem Moment begriff ich, dass vielleicht doch viel mehr dahintersteckte, als ich gehofft hatte. Ich verspürte plötzlich eine unglaubliche Sorge um meinen Vater und eine Idee schoss mir durch den Kopf.

Was, wenn die Eheberatung doch keine Besserung gebracht hatte, was, wenn meine Mutter ihre Probleme nur herunterschluckte und sie dadurch in ihr immer weiter aufkochten? Wenn dies der Fall war, könnte es passieren, dass sie sich irgendwann nicht mehr kontrollieren könnte und meinem Vater etwas antun würde.

Schweißperlen zeichneten sich auf meiner Stirn ab, als ich darüber nachdachte, wie ich das Ganze bloß verhindern könnte. Eine Konfrontation mit meiner Mutter wollte ich unbedingt vermeiden, mein Vater würde mir niemals glauben und auch die Polizei zu alarmieren hätte keinen Sinn. Niemand würde mir glauben, wenn ich sagte, dass meine Mutter, die augenscheinlich in einer harmonischen und perfekten Ehe lebte, Mordfantasien hatte, in denen sie meinen Vater tötete. Wenn jemand mich nach Beweisen fragte, könnte ich nur sagen, dass ich es in ihren Gedanken gesehen hatte, und dann würde man eher mich für einen Psychopathen halten und nicht meine Mutter.

Außerdem wollte ich nicht, dass man meine Mutter wegsperrte. Auch wenn ich Furcht vor dem Menschen empfand, der mich großgezogen hatte, so wollte ich diese Person trotzdem nicht verlieren. Ich liebte meine Mutter über alles, doch irgendetwas hatte sich geändert.

Als sie ihren Blick von meinem Vater abwendete und sah, wie ich schockiert auf den leeren Teller vor mir starrte, schwer atmete und Schweiß meine Stirn hinunterlief, fragte sie sofort, ob es mir nicht gut ginge. Da mir der Appetit vergangen war, entschuldigte ich mich und verkroch mich auf mein Zimmer, wo ich hinter verschlossener Tür eine Panikattacke bekam. Es fühlte sich so unwirklich und erdrückend an. Die Hilflosigkeit war wie ein Messer in der Brust, dass sich langsam immer tiefer seinen Weg durch meinen Körper bahnte und mir keine Möglichkeit gab, es herauszuziehen.

Ich lag weinend im Bett, bis sich nach ein paar Minuten langsam meine Zimmertür öffnete. Mein Blick wanderte zu dem leicht geöffneten Spalt der alten Holztür, durch den meine Mutter vorsichtig ihren Kopf in mein Zimmer streckte.

Trotz ihres liebevollen Gesichtsausdrucks erschrak ich. Sie setzte sich zu mir und sagte, dass sie nachsehen wollte, wie es mir ging. Sie hob ihre Hand und legte sie auf meine Stirn, um zu prüfen, ob ich Fieber hatte. In diesen Momenten der Fürsorge, die ich von ihr gewohnt war, entschied ich mich dafür, ihre Gedanken nicht zu lesen.

Seit Tagen hatte sich diese Frau, die immer für mich da war, in meinen Augen in eine Psychopathin verwandelt. Es fühlte sich beinahe so an, als hätte ich keine Mutter mehr. Daher sehnte ich mich so sehr danach, einfach nur einen Moment ihrer Liebe zu genießen. Ich wollte mich wieder wie das Kind fühlen, das ich tief in mir immer noch war.

Es war schön, dass ich für einen Moment ihre Gedanken verdrängen konnte, dass für einen Moment Normalität eingekehrt war, doch es hielt nicht lange.

Kaum war die Nacht hereingebrochen, fürchtete ich mich wieder. Häufig, wenn ich am Schreibtisch saß und mein Rücken zur Tür gerichtet war, drehte ich mich ängstlich um. Einfach nur weil es die Möglichkeit gab, dass meine Mutter hinter mir stehen könnte und nur darauf wartete, ihre angestauten Aggressionen an mir auszulassen.

Gleichermaßen ging ich häufiger an die Tür, öffnete sie einen Spalt breit und lauschte, um sicherzugehen, dass ich das relativ laute Schnarchen meines Vaters hören konnte. Dies gab mir die Gewissheit, dass auch er nicht ihr Opfer geworden war.

Und dann passierte etwas, das ich nie erwartet hätte. Es muss um die zwei Wochen her gewesen sein, dass ich das erste Mal die verstörenden Gedanken meiner Mutter gelesen hatte. Mit meiner Handheld-Spielekonsole saß ich auf der Couch im Wohnzimmer und war völlig in mein Spiel vertieft.

Ich hörte, wie sich die Tür sich öffnete und meine Eltern die Wohnung betraten.

Sie kamen zu mir ins Wohnzimmer und ich sah den merkwürdigen Gesichtsausdruck meiner Mutter. Ihr Gesicht war nahezu verzerrt, weil sie ein solch breites Grinsen trug. Mein Vater ging noch einmal kurz zum Auto, um die restlichen Einkäufe hineinzutragen, und meine Mutter stand einfach da, lächelnd und immer wieder den Blick auf mich werfend. Da mir die Sache seltsam vorkam, warf ich kurz einen Blick in ihre Gedanken und, wie es zu erwarten war, ging es erneut um Mord, Blut und Eingeweide. Die letzten Tage hatte ich es vermieden, ihre Gedanken zu lesen, und als ich diese Dinge wieder hörte, wusste ich auch wieder, warum.

Doch als mein Vater die Tüten auf den Esstisch stellte, holte er ein kleines braunes Paket hervor, sah meine Mutter an und fragte nur, ob sie es mir sagen sollten. Sie nickte ihm zu und er ging zu mir, gab mir das Paket in die Hand und sagte lediglich, mit einem Lächeln im Gesicht, das Wort: „Auspacken!"

Ich wurde nervös und tat, was mein Vater mir sagte. Vorsichtig entfernte ich den aufliegenden Deckel und warf einen Blick hinein.

Ich weiß nicht mehr, was ich in dem Paket erwartet hatte, doch völlig überrascht zog ich einen rosafarbenen Babystrampler aus der Verpackung. Ich sah meine Eltern an und meine Mutter sagte überglücklich: „Wir sind schwanger! Du bekommst eine Schwester!"

Dieser Moment überforderte mich, ich wusste nicht, was ich sagen, geschweige denn tun sollte. Es kam zu plötzlich, so überraschend. Stammelnd sagte ich Dinge wie „Oh super!" und „Das hätte ich nicht erwartet". Mir war zwar aufgefallen, dass der Bauch meiner Mutter eine etwas rundlichere Form angenommen hatte, doch es war nicht so deutlich, dass ich darauf gekommen wäre, eine Schwester zu bekommen.

Meine Eltern erzählten mir, dass sie es schon seit einiger Zeit wussten, aber noch hatten warten wollen, es mir zu erzählen, bis die kritischste Phase der Schwangerschaft geschafft war.

Und in dem Moment, wo ich versuchte zu begreifen, was sie mir gerade offenbart hatten, traf es mich, als wäre ein Blitz eingeschlagen. Wenn meine Mutter schwanger war, dann hätten ihre Gedanken sich doch um die Schwangerschaft drehen müssen. Stattdessen las ich verstörende Dinge, die unabhängig von jeder Situation waren, in der sie sich befand.

Mir wurde bewusst, dass ich nie die Gedanken meiner Mutter gelesen hatte, sondern dass ich beim Versuch, in ihren Kopf einzudringen, stattdessen die Gedanken von dem Baby las, das gerade in ihrem Unterleib heranwuchs.

Es war das Kind, das diese grausamen Gedanken hatte.

Zunächst löste diese Erkenntnis nur weitere Fragen in mir aus. Wie sollte ein Fötus, der sich erst seit so kurzer Zeit auf der Welt befand, bereits solche Gedanken haben? Doch die Antwort darauf fand ich bei mir selbst. Meine Vermutung ist, dass auch meine ungeborene Schwester sich an ein früheres Leben erinnern konnte. In dem Stadium, in dem das vorangegangene Leben erst ganz frisch vorbei war, mussten diese Gedanken und Erinnerungen noch ganz frisch und dominant sein. Und erst im Laufe der Tage, Wochen und Monate würde sie sie verlieren.

Mir wurde bewusst, dass, sollte meine Theorie stimmen, meine Schwester im vorherigen Leben ein schrecklicher Mörder gewesen ist.

Die folgenden Wochen schaffte ich es, meine Theorie zu bestätigen, indem ich herausfand, dass meine Mutter überhaupt keine verstörenden Gedanken besaß. Als wir einen Actionfilm auf der Couch guckten und mein Kopf direkt neben ihrem war, versuchte ich, mich auf ihre Gedanken zu konzentrieren. Und durch diese direkte Nähe schaffte ich es tatsächlich, eine Verbindung herzustellen. Es ging nicht um Mord, sie dachte lediglich darüber nach, ob dieser Film wirklich für mein Alter geeignet war.

Es waren die Gedanken einer völlig normalen Mutter.

Leider passierte es im Laufe der Schwangerschaft.

Meine Mutter musste im achten Monat gewesen sein, als ich plötzlich meine Fähigkeit nicht mehr einsetzen konnte. Bevor meine Schwester Elise das Licht der Welt erblickte, war es mir nicht mehr möglich, Gedanken zu lesen.

Es frustrierte mich und machte mich traurig, dass die Kraft verschwunden war, auch wenn ich nie die Hoffnung aufgab, dass ich sie irgendwann wieder reaktivieren können würde.

Zu gerne hätte ich noch einmal überprüft, ob diese verstörenden Gedanken wirklich von meiner Schwester kamen. Ich hoffte einfach, dass sie irgendwann, vielleicht mit ein oder zwei Jahren, alle Erinnerungen an ein früheres Leben verlieren würde, so wie die meisten Kinder es taten. Doch um ehrlich zu sein, bin ich mir da nicht so sicher.

Mittlerweile bin ich 20 Jahre alt und meine Schwester ist fünf. Für meine Eltern ist sie das liebste Kind der Welt, doch ich glaube, dass ihr Kopf weiterhin erfüllt ist von den Gedanken, die sie auch im Mutterleib hatte.

Es kam mehrfach vor, dass ich nachts aufwachte und sah, wie sie an meiner Tür stand, den Blick starr auf mich gerichtet und mich einfach beobachtete. Meine Mutter meint, dass sie mich wohl als Vorbild sieht oder faszinierend findet oder so, doch das glaube ich nicht.

Zu gerne würde ich noch einmal lesen, was hinter ihren so kalt wirkenden Augen wirklich vor sich geht. Und vor allem, was ich damit zu tun habe.

DANK

Ein Buch zu schreiben erfordert einen enormen Aufwand und viel Zeit. Jedoch wäre dieses Buch niemals so bemerkenswert geworden ohne die Unterstützung zahlreicher Menschen, die an seiner Entstehung beteiligt waren. An dieser Stelle möchte ich diesen besonderen Menschen meine aufrichtige Dankbarkeit aussprechen.

Zunächst möchte ich meinem Verlag meinen aufrichtigen Dank aussprechen. Sie standen mir nicht nur mit Rat und Tat zur Seite, sondern haben mich auch stets motiviert. Dank ihres klaren Konzepts wurde mein einfacher Traum, ein Buch zu schreiben, zur Realität. Ich möchte ihnen ausdrücklich meinen Dank aussprechen!

Ein besonderer Dank gebührt auch meiner Lektorin, Jaqueline Wagner. Dank ihrer hingebungsvollen Arbeit ist das Buch nicht zu einem Chaos aus Rechtschreib-, Logik- und Grammatikfehlern geworden. Sie hat sich mit meinen Sätzen auseinandergesetzt und das Endergebnis ist faszinierend. Ich danke ihr für all die Mühe und vor allem für ihre Geduld, die nötig war, um aus diesem Buch das zu machen, was es heute ist.

Ein weiterer Dank gilt Dominik Jell, der mit seinen Illustrationen die Geschichten zum Leben erweckt hat. Trotz meiner vagen Beschreibungen ist es ihm gelungen, Bilder auf Papier zu zaubern, die selbst meine kühnsten Träume übertreffen. Jedes Bild hat mich vom ersten Moment an fasziniert und ich kann nicht genug betonen, wie wunderbar es ist, meine Geschichten mit einer visuellen Komponente zu sehen.

Mein Dank richtet sich auch an mein Management, das das gesamte Projekt geleitet und vorangetrieben hat. Besonders möchte ich Mikkel Robrahn hervorheben, der mir mit tatkräftiger Unterstützung und seiner Expertise zur Seite stand. Die Gewissheit, einen erfahrenen Autor an meiner Seite zu haben, hat mir stets ein Gefühl der Sicherheit gegeben, das ich sehr zu schätzen weiß.

Last but not least möchte ich mich natürlich auch bei einigen Menschen aus meinem persönlichen Umfeld bedanken. Allen voran meinen Eltern, die mich über all die Jahre hinweg stets unterstützt und an mich geglaubt haben. Ohne ihre Hilfe hätte ich vieles von dem, was ich bis heute erreicht habe, nicht verwirklichen können. Auch wenn viele meiner Entscheidungen mit hohem Risiko verbunden waren, konnte ich mich stets auf ihren Rückhalt verlassen.

Auch meiner Oma möchte ich danken, die, als ich noch ein Kind war, mit mir gruselige Sendungen geguckt hat, die die Vorliebe nach Horror in mir geweckt haben und mich auf diesen Weg brachten. Genauso wie mein Bruder die Leidenschaft für Horror in mir weckte, indem er Horrorfilme mit mir sah, für die ich zwar definitiv zu jung gewesen bin, die aber trotzdem eine Faszination für das Düstere erzeugten.

Ein besonderer Dank gebührt auch meiner Freundin Carolin Toby, die nicht nur meine Geschichtsideen angehört hat, sondern mir auch Tipps und Ideen für mögliche Handlungsstränge gegeben hat. Sie hat einige Geschichten Probe gelesen und sogar eine eigene Idee in das Buch eingebracht.

Darüber hinaus möchte ich meiner besten Freundin Maria meinen Dank aussprechen. Sie war immer für mich da, wenn die Faulheit versuchte, die Oberhand zu gewinnen. Dank ihrer Unterstützung habe ich die Motivation gefunden, weiterzuarbeiten und meine Ziele zu erreichen. Ohne sie hätte ich das Buch wahrscheinlich erst in Jahren fertiggestellt.

Ich möchte euch allen von Herzen danken und ich weiß eure Bemühungen sehr zu schätzen!

ÜBER DEN AUTOR

Christoph Schmuck, besser bekannt als CreepyPastaPunch, lebt mit seiner Freundin und seinem Hund Yuki in der Nähe von Hamburg. Seit er als Kind mit seiner Oma gruselige Sendungen im Fernsehen geguckt hat, fasziniert ihn das Horrorgenre in all seinen Facetten.

Als einer der ersten deutschen YouTuber hat er schon 2013 begonnen, CreepyPastas – Gruselgeschichten, die über das Internet verbreitet werden – für seine Follower*innen zu inszenieren. Das Urgestein der Szene erzählt aber auch urbane Mythen und True Crime Storys mit Gänsehautgarantie!

Seine mehr als 1,2 Millionen starke Community fasziniert Chris täglich mit den dunkelsten Mysterien der Internetkultur, paranormalen Storys und Horror Edutainment.

Mit *Gesichter der Furcht*, seiner ersten Kurzgeschichtensammlung, begeistert er seine Fans jetzt auch fernab von YouTube, Twitch und Co.

ÜBER DEN ILLUSTRATOR

Dominik Jell beschäftigt sich bereits seit seinem siebten Lebensjahr mit Zeichnen, Gestalten und Malen. Seine kreative Ader hat er schon früh im Schreiben von diversen Geschichten und Comics gezeigt, eine weitere große Leidenschaft hat er im Zeichnen von Mangas gefunden.

Dominiks Interesse für Japan und Mangas hat ihn auch zu seinem zweiten Standbein gebracht: dem Tätowieren. In seinem eigenen Tattoostudio in Freising verewigt er seine Kunst auf der Haut seiner Kund*innen.